CAPITAINE ANGINIEUR

EN ASIE CENTRALE

TURKESTAN - THIBET - CACHEMIR

(1903)

PARIS
ERNEST LEROUX, ÉDITEUR
28, RUE BONAPARTE, 28
1904

EN ASIE CENTRALE

TURKESTAN - THIBET - CACHEMIR

1903

CAPITAINE ANGINIEUR

EN ASIE CENTRALE

TURKESTAN - THIBET - CACHEMIR

(1903)

PARIS
ERNEST LEROUX, ÉDITEUR
28, RUE BONAPARTE, 28

1904

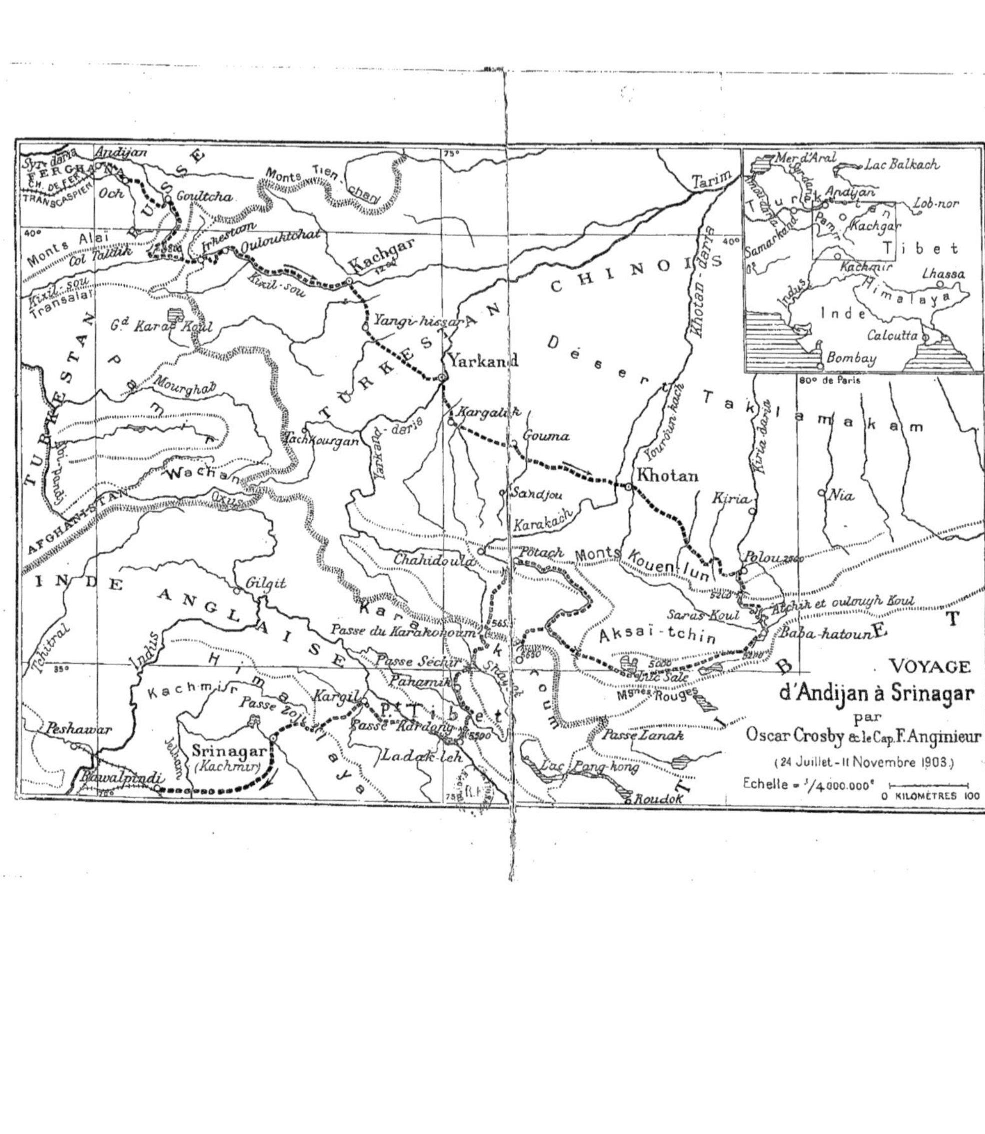
VOYAGE
d'Andijan à Srinagar
par
Oscar Crosby & le Cap. F. Anginieur
(24 Juillet - 11 Novembre 1903.)
Echelle = 1/4.000.000e
0 KILOMÈTRES 100
Andijan
Och
Goultcha
Kachgar
Yarkand
Khotan
Kargalik
Gouma
Yangi-hissar
Tach Kourgan
Gilgit
Srinagar
(Kachmir)
Rawalpindi
Peshawar
Kargil
Polou
Kiria
Nia
Tarim
Khotan-daria
Kiria-daria
Monts Tien-chan
Monts Alaï
Col Taldik
Irkestam
Oulouktchat
Monts Kouen-lun
Aksaï-tchin
Passe du Karakoroum
Passe Sêchir
Passe Zoji
Passe Kardong
Passe Zanak
Lac Pang-kong
Roudok
Ladak-Leh
Baba-hatoun
Saras Koul
Mgnes Rouges
Désert Taklamakam
TURKESTAN CHINOIS
TURKESTAN RUSSE
INDE ANGLAISE
AFGHANISTAN
TIBET
Pamir
Wachan
Oxus
Indus
Himalaya
Karakoroum
Kachmir
Tchitral
Mer d'Aral
Lac Balkach
Lob-nor
Samarkand
Lhassa
Calcutta
Bombay
Inde
Tibet
80° de Paris

EN ASIE CENTRALE

De Tiflis à Och. — Le Turkestan Russe.

Au commencement de juillet 1903, je me trouvais à Tiflis. En route déjà depuis quatre mois, je venais de parcourir une partie de la Turquie d'Asie et je me disposais à gagner le Turkestan russe, comptant passer ensuite en Perse. J'eus la bonne fortune de rencontrer là par hasard un Américain, M. Oscar Crosby. Nous étions l'un pour l'autre des inconnus. Mais, aujourd'hui, le monde n'est plus qu'un grand village : nous nous trouvâmes bientôt des relations communes, et j'eus même le plaisir d'avoir par lui des nouvelles de mon frère, qu'il avait vu à l'Ambassade de France à son départ de Washington.

Je fus vite sous le charme de cet homme, qui, possédant à un degré supérieur toutes les qualités de sa race, agrémentées de beaucoup des nôtres, semble réaliser pour moi le type idéal de l'Américain. Une haute intelligence, qui transparaît à travers des yeux lumineux ne reflétant que de nobles pensées, une énergie vibrante, un calme imperturbable, une variété d'esprit universelle, une grande largeur d'idées qui, malgré des opinions personnelles très arrêtées, lui fait respecter toutes celles des autres, voilà Crosby : un homme dans toute la force du terme, un homme qui fait honneur au pays qui l'a vu naître; et heureux ce pays s'il en produit beaucoup comme celui-là.

Bien qu'extrêmement occupé, il trouve parfois le temps de voyager. Il est vrai que c'est pour se reposer, dit-il; pour se reposer l'esprit, faut-il entendre. Il y a quelques années, il avait fait, pour se reposer, un voyage d'exploration en Afrique. Maintenant, pour le même motif, il allait en faire un en Asie Centrale. Son but était Lhassa. Il ne se dissimulait pas les difficultés de l'entreprise. Mais il avait un truc : un phonographe, où il avait fait enregistrer un petit discours en chinois à l'adresse du Dalaï-Lama et dans lequel il se recommandait en bons termes ; malheureusement, l'instrument s'égara sur les chemins de fer russes.

Nos projets étaient les mêmes dans le Turkestan russe : nous résolûmes donc de voyager ensemble jusqu'à Andijan. Je me décidai bientôt à abandonner mon premier plan et à lier mon sort au sien. Faisant cause commune, nous prîmes le parti de gagner les Indes, en traversant le Turkestan Chinois et en faisant crochet en Thibet.

Le 14 juillet, nous nous embarquions à Bakou sur la Caspienne, en compagnie de trois aimables Français, MM. Heurteau, Solacroup et de Néverlée, allant à Samarcande. Nous emmenions avec nous un interprète, Joseph, Chaldéen persan, parlant très bien français.

Le lendemain nous débarquions à Krasnovodsk.

Sans nous attarder dans cette triste ville, environnée de rocs dénudés et de sables brûlants, nous prenons le train pour Boukhara. Nous traversons d'immenses déserts plats, mornes et monotones, par une chaleur de 35 à 38°. Mais nous ne pouvons pas nous plaindre : la saison est exceptionnellement fraîche ; d'ordinaire, le thermomètre va jusqu'à 50°. De loin en loin, de rares oasis : Géok-tépé, dont la forteresse fut si brillamment enlevée par Skobélef, Askabad, Merv : c'est le pays des Turcomans Tekkés, qui se distinguent par leurs énormes bonnets d'astrakan.

1. — Femmes sartes à la gare de Kagan (près Boukhara).

Au-delà de l'Amou-Daria, qu'on franchit sur un pont de 1,600 mètres de long, à mesure que l'on approche de Boukhara, la plaine devient plus fertile.

Boukhara est certes une des villes musulmanes les plus curieuses. N'ayant pour ainsi dire pas subi le contact des Russes, qui résident à Kagan, à 15 kilomètres de là, et jouissant des privilèges que le Tzar laisse à l'émir, elle est restée la cité la plus typique du Turkestan. Les habitants, au nombre d'une centaine de mille, sont des Sartes, population qui occupe toute la plaine comprise entre l'Amou-Daria et l'Alaï. Les hommes sont vêtus de longues robes multicolores aux dessins variés et portent sur la tête un large turban blanc. Les femmes sont entièrement recouvertes de la tête aux pieds d'une enveloppe d'étoffe grise, dans laquelle elles sont comme sous une cloche : un masque noir apparaît à la place de la figure impénétrablement cachée.

Les préceptes de l'Islam sont strictement observés à Boukhara. A l'heure de la prière, les hommes affluent aux mosquées ; les bassins voisins grouillent de gens se lavant les mains et les pieds. Puis tous vont s'asseoir sur leurs talons, face à la direction de la Mecque, et, se prosternant à plusieurs reprises, le front contre terre, ils répètent dévotement l'invocation du mollah : Allah Akbar. Il faut les voir encore écoutant l'instruction religieuse devant le médressé. Un homme est là gesticulant, il leur explique le Coran dans un discours véhément. L'auditoire, assis sur ses talons, boit des yeux l'orateur; de temps en temps, tous en chœur répliquent d'un ton modulé un mot qui signifie : Amen.

Il n'y a, chez ces gens, aucune apparence de fanatisme. Ils sont doux et paisibles ; on n'entend pas de cris, même dans le bazar; les marchés se font avec calme : rien qui ressemble à la lutte pour la vie. Les Sartes n'ont pas l'air belliqueux : l'Emir a pu habiller et faire manœuvrer ses soldats à la russe ; mais leur tempérament les prédispose mal au métier des armes.

Nous reprenons le train pour Samarcande, où nous rentrons en Russie. Notre première visite est pour le gouverneur, le général Médinski. Il nous reçoit on ne peut plus aimablement et nous invite à déjeuner. Sa résidence est au centre de la ville russe. Là, au milieu de larges rues tracées d'équerre, bordées de beaux arbres et encadrées de maisons européennes, on se croirait en pleine Russie. Les parties les plus reculées de l'Empire du tzar ne sont que son prolongement et ne ressemblent en rien à nos colonies. Qu'ils soient à Erivan, à Samarcande ou à Vladivostok, les Russes ne sont pas dépaysés : ils se sentent chez eux ; pour se transporter jusque là-bas, ils n'ont pas à faire le petit saut brusque du Français qui, parti de Marseille, débarque à Alger. Faites le voyage de Vladivostok par voie de mer et faites-le par voie de terre, vous verrez combien seront différentes vos impressions en arrivant au point

2. — Samarcande. — Place du Registhan.

final. De plus, les Russes, à demi orientaux, comprennent bien mieux les populations asiatiques et en sont bien mieux compris que nous : entre les deux, il n'y a pas la différence de mentalité et de mœurs qui nous sépare de nos indigènes.

A peu de distance de la cité russe, s'élève la ville Sarte avec les ruines des magnifiques monuments témoins de la grandeur de Tamerlan. Que ceux qui veulent les regarder se hâtent! Ils sont bien près de crouler. Un récent trem-

3. — Samarcande. — Place du Rhégistan.

blement de terre leur a porté un coup fatal : depuis mon passage, l'édifice qui renferme le tombeau du grand conquérant, formé des deux plus gros blocs de jade connus, s'est effondré. Actuellement encore, les mosquées de la place du Rhégistan et quelques mausolées, construits dans ce style mongol qui devait, sous les descendants de Tamerlan, atteindre aux Indes son suprême degré de perfection, sont assez bien conservés pour émerveiller les yeux et donner une haute idée de leur ancienne splendeur.

Nous disons adieu à nos amis Heurteau, Solacroup et de Néverlée. Ils nous offrent un déjeuner au champagne et nous nous souhaitons mutuellement bon voyage. Eux, vont regagner la Caspienne pour aller prendre le Transsibérien et se rendre au Japon. Quant à nous, nous poursuivons notre route sur Andijan.

De grands déserts s'étendent aux abords de la vallée du Syr-Daria. Mais, en se rapprochant du fleuve, les oasis deviennent plus nombreuses. Quels prodiges l'eau n'est-elle pas capable de faire! Les Sartes l'ont compris depuis bien des siècles et ils sont passés maîtres en l'art de l'irrigation. Il faut voir avec quels soins ils se partagent, recueillent et utilisent le précieux élément, qui transforme comme par enchantement le sol aride en un champ fertile couvert de coton, de riz ou de céréales. De tous les cours d'eau qui descendent de l'Alaï, aucune goutte n'arrive jusqu'au Syr-Daria : ils sont divisés et subdivisés à l'infini en ruisseaux et ruisselets qui vont féconder la plaine. Sur une carte à petite échelle, ils ressemblent à des racines dont les tiges seraient à la base des montagnes et dont les radicules viendraient finir sans y toucher jusqu'auprès du fleuve.

Nous ne faisons que toucher barre à Kokand. Mon ami, le comte Berlier, résidant chaque année pendant quelques mois dans cette ville, où il représente une maison de soieries lyonnaise, est assez aimable pour bien vouloir nous accompagner jusqu'à Och. Sa présence nous fut non seulement fort agréable, mais bien utile, car il parle couramment le russe auquel Crosby et moi nous n'entendons rien.

Le 24 juillet, nous arrivons à Andijan, point terminus du chemin de fer transcaspien. Les abords de la gare ont un aspect étrange. Des centaines de vagons juxtaposés couvrent une vingtaine de voies : ils sont bondés de gens qui y vivent. Nous entrons dans la ville. De toutes part, des maisons éventrées, des pans de murailles, des tas de décombres. Par ci par là, on voit cependant quelques maisons debout; celles-là sont neuves ou fraîchement réparées : tout le reste est à bas. C'est lamentable. Voilà les effets du tremblement de terre du 12 janvier 1903. Six mois après, ils font encore frémir. Il paraît que la catastrophe a coûté la vie à une quinzaine de milliers de personnes. En voici la cause, nous dit-on : il existerait dans la région d'immenses cavités souterraines servant de réceptacles aux eaux des glaciers, qui ne s'écoulent à la surface du sol que par un très petit nombre de rivières ; brusquement la couche terrestre aurait cédé. Cette explication, si elle est juste, serait bien inquiétante pour l'avenir.

Nous quittons vite ces tristes lieux pour gagner en voiture Och, point de départ des caravanes pour l'Asie Centrale. Nous traversons un pays très bien irrigué, par conséquent, riche et peuplé : les villages se succèdent tous les deux ou trois kilomètres.

Il manque un hôtel à Och. Heureusement, à peine sommes-nous arrivés, qu'un officier vient nous offrir l'hospitalité au *sobranié* (cercle militaire). Nous allons de suite nous présenter au colonel Zaïtsef, *natchalnik* (chef de district). Les formalités nécessaires pour obtenir l'autorisation de passer en Chine demanderont quelques jours. Le Natchalnik nous promet d'user de son autorité pour nous les faciliter.

Nous employons le temps à compléter nos approvisionnements et à parcourir la ville, qui est très pittoresque. Des rochers nus, admirablement découpés, se dressent aux alentours. L'un d'eux est nommé le rocher de Salomon. Ses flancs sont couverts de tombeaux de saints musulmans : on y vient pieusement en pèlerinage. Tout en haut, on montre l'endroit, où Salomon aurait prié : les traces de ses mains, de ses coudes et de ses genoux sont imprimées sur le roc. Il paraît qu'à la vue du beau paysage qui s'étendait devant lui, il se serait écrié : Och ! nom qui est resté à la ville.

Un soir, nous assistons à une fête au Sobranié : concert, comédie, danses. On est très gai à Och et les réunions sont fréquentes. Ce jour-là, la petite colonie russe était au complet : officiers, fonctionnaires et quelques civils avec leurs femmes et leurs filles ; on était même venu de la garnison voisine, Marghelan. La musique fut excellente, comme toujours chez les Russes. La comédie resta lettre morte pour nous. Quant aux danses : polkas, mazurkas, lesghiennes et autres, elles nous ravirent. Hommes et femmes dansent avec une grâce naturelle incomparable : c'est le triomphe des Russes.

Crosby trouva un compatriote : c'était bien inattendu ; un vieux bonhomme né dans l'Alabama. Il a été officier et a combattu à l'armée du Sud pendant la guerre civile. Puis, réduit à la misère comme tant d'autres, il a quitté son pays et a fini par s'échouer là, ayant marié sa fille à un aumônier du régiment. « Et il n'y retournera pas, en Amérique », nous dit-il ; « non ; depuis qu'il a su que ce *negrohead* de Roosevelt avait invité à dîner Booker Washington, il a renoncé à tout jamais à revoir sa patrie ».

D'Och à Kachgar par la route de l'Alaï. Les Kirghizes.

Enfin, le 29 juillet, la caravane est prête. Nous nous mettons en route pour Kachgar par la route de l'Alaï, emmenant notre interprète Joseph, un Sarte qui doit faire les fonctions de cuisinier, deux caravaniers Kirghizes et dix chevaux. Hommes et animaux ne sont engagés que jusqu'à Kachgar.

La distance à franchir est de 460 verstes. Le chemin est connu et assez facile : il est suivi deux fois par semaine par un courrier postal militaire russe : on trouve de l'eau partout.

Au sortir d'Och, on prend une route carrossable traversant un pays riche et très peuplé. Une trentaine de kilomètres plus loin, l'aspect change. On aborde les montagnes : plus de cultures, plus d'arbres et presque plus d'habitants ; mais des fleurs à profusion, des lys martagons et des sauges. Il fait chaud et c'est un plaisir de coucher à la belle étoile.

Goultcha, où nous faisons halte, est un petit village, situé dans un bosquet de verdure, occupé par une compagnie d'infanterie. C'est le dernier point qui soit relié par le télégraphe; mais on travaille à prolonger la ligne qui atteindra cette année Kachgar et les postes militaires du Pamir. On travaille également à améliorer le chemin, qui n'est plus praticable aux voitures un peu au delà de Goultcha.

Nous cheminons au milieu de montagnes dénudées et presque désertes. Nous laissons sur notre gauche le chemin du Térékdavan qui épargne soixante verstes jusqu'à Irkestam ; en été, on ne peut pas y passer par suite de la fonte des neiges qui rend les torrents infranchissables. De nombreuses caravanes nous croisent : chaque jour descendent cent à cent cinquante animaux, chevaux, chameaux ou ânes. Le commerce entre le Turkestan russe et le Turkestan chinois est considérable : on l'évalue à deux millions de francs par an. De Russie, on exporte principalement des produits européens ; de Chine, du coton et du feutre.

Nous voilà en plein pays de Kirghizes; la montagne est à eux comme la plaine est aux Sartes.

Les Kirghizes peuplent de leurs essaims nomades toute la région montagneuse du centre

4. — Une iourte (tente kirghize dans l'Alaï).

de l'Asie. Ce sont de braves gens, hospitaliers, chez lesquels on est en pleine sécurité. Ils habitent des tentes, appelées *iourtes*, formées de clayonnages et recouvertes de feutre : un campement se compose généralement de trois à huit tentes.

Leur langue est la même que celle des Sartes, un dialecte turc.

Ils pratiquent assez rigoureusement l'islamisme : on en voit qui ont fait le pèlerinage de la Mecque. Comme chez la plupart des nomades musulmans, les femmes ne sont pas voilées et n'éprouvent aucune gêne au milieu des hommes même étrangers. Elles ont une coiffure étonnante, un véritable monument d'étoffes blanches enroulées autour duquel pendent de longs ornements de cuivre ou d'argent.

Les Kirghizes vivent de leurs troupeaux et pour leurs troupeaux : moutons, chevaux, chameaux, yaks. La pioche leur est inconnne; jamais ils ne font la moindre culture. Les hommes ont la garde des bêtes : rien de plus. Tout le reste est l'affaire des femmes : ce sont elles qui fabriquent les clayonnages des *iourtes*, qui filent la laine, qui font le feutre et les tapis, qui dressent les *iourtes*. La femme est la servante de l'homme et il ne viendrait à l'idée d'aucun d'entre eux de lui donner un coup de main dans sa besogne.

Ne pourrait-on pas apprécier le degré de civilisation d'un peuple d'après la place qu'il a donnée à la femme? L'homme, ayant sur elle la supériorité de la force, peut la réduire aux fonctions de bête de somme et d'instrument de son plaisir : il le fait s'il n'écoute que son instinct. N'est-ce donc pas la véritable preuve d'une supériorité intellectuelle et morale de sa part que de respecter la femme et de lui donner un rôle social avec des droits égaux aux siens ? Si cette théorie est vraie, la palme de la civilisation revient incontestablement aux peuples chrétiens : seul, le christianisme a donné à la femme la place à laquelle elle a droit. Et c'est vers les derniers degrés de l'échelle qu'il faudrait placer les peuples musulmans et en particulier les Kirghizes.

Qu'on ne se figure pas cependant que ces gens soient des sauvages : ils ont entre eux des règles de société bien établies et dont quelques-unes sont assez compliquées. Un jour, nous trouvant sous une tente, nous remarquâmes que, dès qu'un certain homme entrait, une femme allait immédiatement se cacher derrière la cloison qui existe dans chaque iourte, formant un petit buen-retiro dans lequel on a tout juste la place de se tapir. Ayant demandé l'explication de ce fait, on nous dit que cette femme, étant fiancée à cet homme, ne devait pas se laisser voir par lui durant une année. La cérémonie nuptiale consiste en une course à cheval dans laquelle le prétendant engage une lutte simulée avec ses amis et doit enlever sa femme.

N'est-il pas singulier, que, chez ces peuples primitifs, le mariage donne lieu à de pareilles formalités et que, pour voir cette institution réduite à sa plus grande simplicité, il faille aller dans le pays où la civilisation est la plus avancée, en Amérique ?

J'en reviens à la route de l'Alaï. Nous voilà au col de Taldik (3.600 m.) et nous passons de la vallée du Syr-Daria dans celle d'un tributaire de l'Amou-Daria, le Kizil-Sou dont le nom signifie eau d'or et qui est, en effet, remarquable par la couleur rouge vif de ses flots. Ici la flore change comme par enchantement : plus de lys ni de sauges, mais, à perte de vue, des édelweiss, des aimez-moi, des digitales blanches, et, au milieu des prairies, des marmottes, des marmottes en quantité. Il y en a tous les vingt pas, jouant ensemble gentiment : à notre approche, elles s'enfuient avec des cris perçants près de leurs trous ; là, assises comme de petits chiens savants, elles nous regardent tranquillement d'un air étonné.

Laissant à droite la route du Pamir, nous

longeons la chaîne neigeuse du Transalaï, nous maintenant pendant deux jours à l'altitude de 3,600 à 3,800 mètres. Puis nous tombons dans la vallée d'un autre Kizil-Sou, tout aussi justement nommé que le précédent : celui-là est un affluent

5. — Traversée du Kizil-Sou.

du Tarim qui va se perdre dans les sables du Gobi.

Irkestam, dernier poste russe, est situé exactement à la frontière de Chine. Il n'y a là que deux bâtiments : la douane et un fortin où tient garnison un petit détachement. Le capitaine, un

Cosaque d'Orembourg, dont la vie ne doit pas être gaie, nous offre l'hospitalité. D'autres voyageurs arrivent : toute une famille de Kachgar, composée d'une dizaine de personnes,

6. — Le capitaine russe commandant le poste d'Irkestam à la frontière de Chine.

hommes et femmes, vieux et jeunes. Les femmes portent de petits bonnets de fourrure et de grands voiles percés de deux trous à la place des yeux. Ce sont des pèlerins revenant de la Mecque : leur déplacement a duré huit mois, aller et retour. Ils étaient partis par le Transcaspien, Batoum et la mer : ils reviennent par Bombay, Kaboul et Samarcande. Voilà, parmi des milliers de ce genre, un exemple des actes de foi que l'Islam produit encore journellement !

Après une bonne journée de marche au-delà d'Irkestam, nous arrivons à Oulouktchat, premier poste chinois : un petit fort, entouré de quelques *iourtes*. Une dizaine de soldats chinois sont là : ils nous dévisagent avec cette expression d'ironie moqueuse et méprisante que prennent d'ordinaire les Célestes vis-à-vis des diables étrangers et que je connais depuis longtemps. Le mandarin devant nous recevoir, ils revêtent leurs uniformes, des casaques sur le dos desquelles s'étale une lune couverte d'inscriptions, et ils mettent sur leurs épaules de longues perches portant aux deux bouts de grosses lanternes ornées de dessins bizarres : précédés par eux, nous entrons chez le représentant du Fils du Ciel, qui nous attend, assis au banc d'honneur. Joseph traduit la conversation en russe; notre cuisinier Sarte dans sa langue; un troisième interprète en chinois. Il faut d'abord décliner nos noms qui doivent être pris par écrit. Le mien va à peu près ; mais c'est autre chose pour celui de Crosby, qui soulève l'hilarité générale. Les Chinois ne connaissent pas l'R; et le malheureux mandarin, fort embarrassé, cherche vainement quel est celui des quatre-vingt mille caractères qui pourrait faire l'affaire. La conversation n'est pas facile avec tous ces intermédiaires. J'essaye de mettre le sujet sur Confucius, en lui disant que, dans mon pays, on admire beaucoup ce grand philosophe. C'est trop compliqué et nous sommes obligés de nous en tenir aux banalités.

Après Oulouktchat, nous traversons et retraversons le Kizil-Sou, dont les eaux sont assez grosses : il faut chercher des gués et recourir parfois aux chameaux pour les franchir. Le pays est aride, inhabité, mortellement triste : des montagnes de terre argileuse rouge très friable dans la configuration desquelles chaque pluie doit amener un changement notable.

Enfin, le 9 août, nous apercevons au loin de la verdure : c'est l'oasis de Kachgar. La campagne est couverte de cultures, céréales, coton, lin, et de bouquets d'arbres : saules, peupliers, mûriers, jujubiers. On se sent renaître à la vie.

De Kachgar à Polou. — Le Turkestan chinois.

Lorsqu'on arrive dans le Turkestan Chinois, à Kachgar, on est vivement surpris en retrouvant les mêmes populations que l'on avait laissées en deçà de l'Alaï et en constatant que ces énormes montagnes n'ont pas été réellement une barrière ou du moins une frontière.

D'un côté, les Sartes, de l'autre les Turkis. Mais le nom seul diffère. C'est la même race, se rattachant par l'origine à celle des Turcs ; la même langue offrant beaucoup d'analogie avec celle qui est parlée à Constantinople ; la même religion, l'Islam. On n'éprouve aucune impression nouvelle. Les villes et villages des deux Turkestans sont formés de petites maisons de terre, contrastant par leur pauvreté avec la richesse du sol et se ressemblant à s'y méprendre : telle photographie de Kachgar ou de Khotan pourrait aussi bien avoir été prise à Samarcande. Les Turkis sont la proie d'une maladie que nous avions déjà remarquée dans le Turkestan russe, mais qui chez eux est excessivement répandue, le goître : au moins un quart de la population en est atteint.

En fait de Chinois, il n'y a dans le Turkestan chinois que quelques mandarins, quelques soldats et quelques marchands. Il est assez curieux de voir à notre époque les Chinois dans la posture de conquérants. Ici, ils sont réellement conquérants, puisque, en 1877, à la mort de Yakoub-Beg, ils ont repris la Kachgarie les armes à la main. Pour moi, qui me trouvais dans le Pé-tchi-li en 1900 et qui avais été alors témoin de leur faiblesse et de leur incapacité, je fus vivement intéressé de les voir dans ce rôle opposé. Je constatai qu'ils sont bons et sages administrateurs, que l'autorité mandarinale n'est nullement fictive et que son action se fait sentir partout, bien qu'elle n'ait pour l'appuyer qu'une force militaire insignifiante : il est vrai que les Turkis sont essentiellement doux et pacifiques. Le *fou-taï* d'Ouroumtsi est gouverneur de la province de Sin-Yang, dont fait partie le Turkestan. Il a pour subordonnés des *tao-taïs* et des *ambans* (gouverneurs chinois) placés dans les villes principales, auxquels obéissent, des agents indigènes, *yeuzbachis* ou *begs*, ayant le commandement des villages et des tribus. Tout cela forme une organisation régulière, sous laquelle la population n'est pas plus

7. — Groupe de Turkis aux environs de Kachgar.

malheureuse, je crois, que sous le régime russe.

Kachgar compte environ 400,000 habitants. C'est la résidence d'un tao-taï chinois, d'un consul-général russe et d'un agent anglais. Notre première visite fut pour le consul-général russe

Pétrovski : c'est un vieillard, occupant depuis de longues années ce poste dans lequel il a rendu les plus grands services à son pays : il était alors sur le point de partir en retraite. Nous allâmes voir ensuite le Colonel Miles, agent anglais. Il nous reçut avec la courtoisie que j'ai toujours trouvée chez les officiers britanniques, nous offrit l'hospitalité et s'employa activement à nous aider de toutes façons. Nous passâmes chez cet homme aimable quelques charmantes journées et nous lui gardons la plus vive reconnaissance.

Son rôle consiste à soutenir les intérêts de quelques commerçants indiens établis dans le Turkestan ; on verra plus loin que le trafic entre cette contrée et les Indes est assez important. Mais l'influence de la Russie est tout à fait prépondérante à Kachgar. Son consulat est fortement organisé : il comprend un capitaine d'Etat-major, le capitaine Tchernoussoupof, homme extrêmement distingué et agréable, un lieutenant et cinquante cosaques de Sémiéretchensk. A quelques journées de marche, il y a encore un peloton de cosaques à Tachkourgan.

Les employés du consulat, ceux de la banque russo-chinoise, les agents de la douane et quelques commerçants forment une petite colonie russe d'une vingtaine de personnes. Nous fîmes la connaissance de la plupart d'entre elles à un joyeux dîner auquel le capitaine Tchernoussoupof nous convia. Les officiers russes ont l'habitude d'associer leurs hommes à leurs plaisirs. Les Cosaques étaient donc de la fête qu'ils égayèrent de leurs chants et de leurs danses. A la fin du repas, une dizaine d'entre eux empoignent successivement chaque convive, et, entonnant une chanson en son honneur, le font sauter en l'air à la manière dont nos hommes font passer les bleus à la couverte. Puis les toasts commencent. A chacun d'eux, il faut s'embrasser sur la bouche. Je ne saurais dire combien de fois l'on but à la France, à l'armée française, au 86ᵉ, à M. Loubet, etc. En l'honneur de Crosby, on but à Roosevelt, aux Etats-Unis, à l'Amérique du Nord et à l'Amérique du Sud.

Pour compléter le tableau de la colonie européenne, il ne faut pas oublier le P. Hendriks, missionnaire catholique hollandais, et la mission protestante suédoise. Malgré tous leurs efforts, le christianisme ne progresse pas beaucoup. Depuis trois ans que les Suédois sont là, ils n'ont fait qu'une conversion. Quant au P. Hendriks, il dit avoir une centaine de fidèles répartis entre Aksou, Kachgar et Khotan, soit sur un territoire grand à peu près comme la moitié de la France. Remarquons que l'église orthodoxe n'a pas de représentants : c'est un principe absolu chez les Russes de s'abstenir de toute action religieuse sur les peuples soumis à leur influence.

Le P. Hendriks est une curieuse figure. Fixé en Chine depuis une quarantaine d'années, il a parcouru les différentes parties de l'empire du Milieu et connaît mieux que personne les Chinois, les Mongols et les Turkis. Ayant établi définitivement sa résidence à Kachgar, il vit là à l'asiatiqne, aimé et respecté de tous, sans autre souci que de mettre en pratique la charité chrétienne. Sa demeure est une misérable masure, dépourvue du confort le plus élémentaire dont il a perdu toute notion. Il dit sa messe dans l'unique pièce qui compose son logement. Qui pourrait croire que cet homme, avec l'existence qu'il a menée et qu'il mène encore, soit un savant? Et c'est pourtant la vérité. Il a tout étudié, philosophie, histoire, littérature, sciences, et a des idées personnelles sur chaque sujet. Il parle de nos classiques, de Victor Hugo, de Zola, comme le ferait le Parisien le plus érudit, et connaît une douzaine de langues, depuis le sanscrit et le pali jusqu'à l'anglais et au français. Pour donner une idée de la préoccupation qu'il a de se tenir au courant, je dirai qu'il m'a demandé de lui envoyer, à mon retour, deux ouvrages qu'il n'avait pas encore pu se procurer : *Quo Vadis* et un livre de l'abbé de Broglie sur l'histoire des religions.

La rencontre de ce vénérable prêtre fut une bonne fortune pour nous, car nous le décidâmes à nous accompagner jusqu'à Khotan. En même temps qu'un interprète parfait, c'était un charmant compagnon de route et il nous rendit des services inappréciables.

La grosse affaire pour nous était d'obtenir l'appui du *tao-taï*. Le *munchi* (secrétaire) du colonel Miles nous fit l'honneur de nous accompagner chez lui en qualité d'interprète. Je puis bien dire qu'il nous fit l'honneur, car c'est l'homme de plus haute lignée que j'aie jamais vu : il nous a montré sa généalogie, inscrite sur un rouleau de papier d'une longueur démesurée, remontant jusqu'à Adam, en passant par Mahomet. Donc nous fûmes reçus en grande pompe au *Yâmen*. Les portes du milieu s'ouvrirent devant nous et au bout de l'enfilade nous aperçûmes le *tao-taï* qui nous attendait en grand costume de cérémonie. Crosby l'intéressa particulièrement, car il n'avait jamais entendu parler de l'Amérique. Il lui demanda le nom de son roi et combien de temps il faudrait pour aller à cheval dans sa capitale. Après les banalités d'usage, nous venons aux faits et nous lui demandons une lettre de recommandation. Pour aller où ? Prononcer le nom de Roudok, que nous voulions gagner au-delà de Polou, était imprudent ; car on sait que les routes du Thibet sont interdites. Nous disons donc que nos plans ultérieurs ne sont pas bien arrêtés et seront subordonnés aux circonstances. Ne pas bien savoir ce qu'on veut faire, c'est pour un Chinois, la preuve de peu de sagesse. Le Mandarin ne répond rien ; nous réitérons la question : il réfléchit, bâille, prend un air fatigué et finit par nous demander des nouvelles du colonel Miles. Enfin, son secrétaire accède à notre désir et nous donne une lettre.

Une très sérieuse difficulté fut de trouver un interprète, le P. Hendriks ne voulant pas nous accompagner au delà de Khotan, et Joseph, malade, désirant retourner à Tiflis. Nous mîmes la main sur un jeune Turki, Akbar, qui avait appris quelques mots d'anglais à la mission protestante. Certes, il était fort insuffisant. Nous le prîmes faute de mieux, bien heureux de l'avoir trouvé. Il vendit son petit fonds de boutique au prix de 18 tinguers, environ 5 francs, et se décida à partir. Nous embauchâmes un caravanier Afghan, Mir Mollah, vénérable vieillard musulman très pieux, et Lasso, Thibétain de Ladak, très intelligent, débrouillard, bon cuisinier, qui avait fait le voyage d'exploration du capitaine Welby.

Le 15 août, nous nous mettons en route pour Khotan. Le P. Hendriks nous suit dans une petite voiture du pays appelée *mapa* : le pauvre homme, ayant eu les mains gelées, ne peut monter à cheval. Crosby s'attelle immédiatement à la tâche ardue d'apprendre l'anglais à Akbar, au prix de quels efforts et de quelle patience! Combien de fois lui ai-je entendu dire d'un ton triste et découragé : Akbar, Akbar, you are dreadful!

La route de Khotan n'offre pas de difficultés; c'est une piste très fréquentée par les indigènes. Mais bien rares sont les Européens qui y passent. Au delà de Kachgar, on n'en voit plus : il faut faire exception pour un seul, un marchand tatare d'Orembourg, établi à Khotan. Le dernier Français qui fût venu à Kachgar était le prince

Louis d'Orléans, un an avant moi; les derniers qui fussent allés à Khotan étaient l'infortuné Dutreuil de Rhins et son compagnon Grenard. Il est donc naturel que l'Européen soit regardé partout comme une bête curieuse, mais il est toujours parfaitement bien accueilli par les douces populations turkis et traité avec les plus grands égards.

La route traverse la partie orientale du désert de Gobi, appelée Taklamakam. Elle est monotone, monotone comme le désert. Les sables nus à l'infini; parfois des tertres de terre argileuse, témoins d'un seuil ancien dont il ne restera bientôt plus trace. Rien qui fixe l'œil, sauf çà et là ces colonnes hautes et droites de poussière grise que le vent soulève en tourbillons et qui errent silencieusement à son gré. Cependant on ne fait jamais plus de 30 à 40 kilomètres sans trouver de l'eau. Et là où il y a de l'eau, il y a des cultures, des animaux, des hommes. L'eau! ceux qui ne connaissent que nos régions ne se doutent pas de tout ce que ce mot veut dire. L'eau, c'est la vie..... Le P. Hendriks racontait qu'un jour un évêque, qui était venu le voir, lui dit : « Je n'aurai pas le temps d'aller visiter vos chrétiens à tel endroit, mais je prierai le Bon Dieu pour eux. » — « Ceux-là, lui répondit-il, ils n'ont pas besoin du Bon Dieu : ils ont de l'eau. »

L'oasis, grandie par le mirage, apparaît de loin comme quelque chose de fantastique. Mais il faut marcher, marcher longtemps encore pour y arriver. Et lorsqu'on l'atteint, on croit entrer au paradis. Donc, tous les vingt ou trente kilomètres au plus, on rencontre une oasis, parfois immense, — telle Yarkand, qui compte 700,000 habitants, — parfois minuscule; et là, on trouve toujours des fruits, des légumes, des poulets, de la viande et un *langar*, autrement dit un caravansérail. On peut vivre sur le pays et s'abriter. Nous n'avons donc pas besoin de toucher à nos conserves que nous réservons pour les régions difficiles que nous aborderons bientôt. Le colonel Miles a eu l'amabilité de faire prévenir les *aksakals* indiens de notre venue. L'*aksakal* est le chef de la corporation des marchands : il y en a un dans chaque ville de quelque importance.

A notre arrivée à Yarkand, nous apercevons une douzaine de cavaliers venant à notre rencontre en caracolant : c'est la « *Tamacha* », organisée en notre honneur par l'*aksakal* Gauri-Mall, escorté de quelques notables de la ville. Ils descendent de cheval et, nous croyant

Anglais, nous tendent leurs mains pleines de pièces de monnaie en signe du tribut qu'ils pensent nous devoir. Une maison nous a été préparée par leur soin. Nous y restons deux jours. L'*amban*, un Mandchou fort intelligent, nous reçoit avec beaucoup d'égards : il fait tirer trois coups de canon à notre entrée au *Yámen* et se montre extrêmement aimable.

Nous achetons des chevaux et nous prenons à notre service deux nouveaux caravaniers : Mohammed Jou et Osman. Le premier est un Cachemirien d'une force herculéenne, extrêmement intelligent et expérimenté : il a fait partie de l'expédition de Deasy : ce sera notre *caravanbachi*. Le second est un Turki : c'est le type du bon serviteur dévoué ne se plaignant jamais.

Au delà de Yarkand, nous rentrons dans le désert pour revoir de loin en loin les mêmes villages jusqu'à Khotan. Tous les soirs, à l'arrivée au gîte, le P. Hendriks nous lit une page de ses notes, rédigées en latin, qui sont le fruit de longues méditations et de nombreuses observations personnelles. Il y en a pour tous les goûts : exégèse, linguistique, art, sciences, histoire et mœurs des populations asiatiques. Chaque branche des connaissances humaines a son chapitre. Je m'en rappelle deux particulièrement intéressants : un où il établit la filiation des différentes races en les rattachant à la descendance de Sem, de Cham et de Japhet; un autre concernant l'origine de l'écriture. Quelles

8. — Le P. Hendriks, dans sa *mapa*, traversant le Yarkand-Daria.

difficultés les hommes n'ont-ils pas eues à vaincre pour arriver à exprimer par écrit une idée abstraite? Veut-on savoir comment s'écrit en chinois le mot tristesse? par l'association des trois caractères, bois, feu et cœur : bois et feu signifient automne, car c'est la saison où l'on ramasse le bois pour faire bientôt du feu; et l'automne dans le cœur, c'est la tristesse.

Le 29 août, la tamacha nous attend à notre arrivée à Kotan. L'aksakal indien et son collègue russe se disputent l'honneur de nous héberger.

9. — Kargalik. — Un coin du bazar.

Nous nous installons dans une belle maison préparée à notre intention par l'Indien. Khotan compte une trentaine de milliers d'habitants et ressemble à toutes les autres villes turkis. Mais, dans ses environs, on peut voir des curiosités toutes particulières : des ruines enfouies dans le sable, restes d'une ville qui fut un peu avant l'ère chrétienne un des principaux centres bouddhistes. Le docteur Stein les a explorées l'an dernier, et, chose étonnante, il a découvert des bas-reliefs et des médaillons établissant d'une manière indiscutable l'influence de l'art grec.

C'est ici qu'il faut faire nos derniers achats et nous munir de tout ce qui nous sera nécessaire : chevaux, vivres, cordes, fers, bottes de feutre, manteaux de peau de mouton, etc. Nos caravaniers ne se pressent pas, voulant jouir des délices de Khotan, qui, paraît-il, est la Capoue du Turkestan. Les femmes de cette ville sont renommées dans la littérature musulmane, mais elles ne me paraissent pas justifier leur réputation : elles sont en tout cas voilées moins strictement que dans le Turkestan russe.

L'*amban*, un très brave homme, nous accueille on ne peut mieux. Il vient de recevoir une lettre du *tao-taï* de Kachgar, lui enjoignant de nous dissuader par tous les moyens possibles de traverser le Kouen-Lun à Polou : il nous représente toutes les difficultés qui nous attendent. Nous tenons bon et, après avoir fait nos adieux au P. Hendriks, nous nous mettons en route pour Polou.

Au delà de Khotan, on ne tarde pas à entrer

dans la région montagneuse; mais on atteint assez facilement Polou, situé à l'altitude de 2,500 mètres, au confluent du Kiria-Daria et du torrent Dorab.

Le 7 septembre, jour de notre arrivée, doit être une date mémorable pour les habitants de cette localité, qui n'avaient jamais vu que quatre ou cinq Européens. Aussitôt descendu de cheval, je m'installai devant ma porte pour me raser. Tout le village s'attroupa pour assister à ce spectacle. Mais voici bien un nouveau sujet d'étonnement, et cette fois aussi bien pour moi que pour les indigènes. Un autre Européen paraît. Nous engageons la conversation par l'intermédiaire de nos interprètes. C'est un Russe qui, étant à Kiria, a appris par l'aksakal russe de Khotan que nous devions arriver ici : il a voulu venir nous voir. Pourquoi voyage-t-il? Quelle est sa mission? Nous ne comprenons pas bien. Il a un phonographe et nous propose de le faire entendre. Quelques instants après, le grand air du *Toréador* retentissait au milieu des indigènes ahuris.

A travers les monts Kouen-Lun et le désert Aksaï-Tchin. — La région des hauts plateaux du Thibet.

Le 8 septembre, nous quittons Polou et nous nous engageons dans les monts Kouen-Lun, nous proposant de gagner Roudok. La caravane comprend : nos cinq hommes, Mohammed-Jou, Mir-Mollah, Lasso, Akbar et Osman ; seize chevaux portant vingt-cinq jours de grain et une quarantaine de jours de vivres pour nous, conserves, riz, farine, œufs. Nous prenons un guide qui doit nous accompagner pendant une huitaine de jours. Nous louons 8 ânes pour décharger nos chevaux et embauchons un homme par animal pour aller jusqu'au col.

Le chemin que nous prenons n'avait été fait avant nous que par quatre Européens : deux Français, Dutreuil de Rhins et Grenard, et deux Anglais, Carey et le capitaine Deasy. Ce dernier y avait perdu un homme, plusieurs chevaux et quelques bagages.

Nous remontons, à travers des gorges sauvages, le torrent Dorab, affluent du Kiria-Daria. A une journée de marche, nous rencontrons des chercheurs d'or, qui font leur métier suivant le procédé primitif du lavage : ils ne s'y enrichissent certainement pas : c'étaient les derniers humains que nous devions voir de longtemps. La route se hérisse de difficultés. Il faut traverser le torrent vingt fois peut-être. Les hommes sont obligés de soutenir les chevaux qui risquent d'être emportés par le courant : l'un d'eux faillit bien être englouti : on le repêcha non sans peine ; mais sa charge était perdue. La nature devient de plus en plus sévère. Dans beaucoup d'endroits, le chemin est à peine frayé. Il faut tantôt marcher au milieu de rochers, tantôt escalader ou descendre des pentes extrêmement raides, tantôt filer sur des sentiers de chèvres le long d'affreux précipices. Constamment on est obligé de décharger les chevaux et de faire porter les bagages à dos d'homme. Parfois il faut presque porter les chevaux eux-mêmes : à la montée on les hisse, en les tirant par la bride et en les poussant par derrière ; à la descente, on les tire par la queue et retient par la tête. Ce sont des tours de force. De temps en temps, un animal tombe, glisse, roule. Aussitôt nos caravaniers se jettent dessus souvent au péril de leur vie ; ils nous font frémir, Mohamed Jou surtout

10. — Dans les monts Kouen-Lun, un cheval emporté par le torrent.

qui montre une hardiesse incroyable. Comment, malgré le dévouement de ces braves gens, aucune de ces chutes effroyables n'a-t-elle pas été mortelle? J'ai peine à me l'expliquer. Enfin, après trois journées terribles, trois journées de cauchemar, le 11 septembre, nous arrivons au col à l'altitude de 5,200 mètres. Quelques chevaux sont blessés ; mais ils sont au complet ; c'est prodigieux. Le froid est devenu très rigoureux : nous endossons nos manteaux de peau de mouton et chaussons nos bottes de feutre.

11. — Nos caravaniers repêchant un cheval.

Nous allons camper au bord du lac Saraskoul, attendant les ânes qui sont restés en arrière. Le lendemain, rien n'étant venu, nous renvoyons deux hommes voir ce qui se passe. En attendant nous chassons : le lièvre, celui de nos pays, seulement un peu plus blanc sur le train de derrière, abonde ici, et comme il n'est pas du tout sauvage, on en peut tuer en quantité. Dès qu'un animal est blessé, un homme se précipite pour lui donner le coup de grâce : les Musulmans n'en voudraient jamais manger, s'il

12. — Dans les monts Kouen-Lun.
Mohammed-Jou et Mir-Mollah portant les bagages.

n'avait été tué par un de leurs coreligionnaires.

Nos caravaniers reviennent. Ils n'ont vu ni ânes, ni âniers ; mais ils ont trouvé, abandonnés sur la route, quelques sacs de grain qu'ils rapportent : il en manque un bon nombre, sans doute perdus dans les mauvais passages. Est-ce pour cette raison, par crainte de reproches, que ces hommes sont partis sans vouloir nous revoir ? Est-ce une trahison de leur part ? Nous ne le saurons jamais. Nous voilà donc avec cinq ou six jours de grain de moins pour les chevaux. C'est très fâcheux; mais n'ayant guère envie de retourner nous réapprovisionner à Polou, nous nous décidons à continuer notre route.

La région des hauts plateaux du Thibet, sur laquelle nous nous trouvons maintenant, est à l'altitude moyenne de 5,000 mètres. Elle est inhabitée et inhabitable, c'est peut-être la plus triste et la plus désolée du monde. Des montagnes nues, couvertes de glaces, qui affleurent souvent le plateau, se dressent de toutes parts, masquant le sombre inconnu des contrées inexplorées. Çà et là, quelques petits cours d'eau en descendent, qui vont bientôt se perdre dans la terre ou dans des lacs sans écoulement. Le sol, formé de sable ou d'argile, est craquelé de crevasses produites par les eaux qui, à l'époque de la fonte des neiges, transforment le pays en un immense marécage. Il est absolument sec et aride. On peut marcher des journées entières sans voir une herbe. On se croirait à ces premiers âges du monde, avant la création des animaux et des plantes, alors que la vie n'existait pas. En face de cette nature sinistre, au milieu du grand silence que rien ne trouble jamais, on éprouve une impression de solitude et de tristesse infinies, on se sent loin de tout, abandonné, perdu.

Cependant de loin en loin, on voit deux plantes poussant ordinairement ensemble, une herbe maigre de la longueur d'un doigt, que les chevaux mangent avidement, et le *bourtza*, espèce de mousse ayant des racines très développées. Le bourtza est précieux : ses racines sont avec le crottin de cheval qu'on ramasse soigneusement, et l'*argol*, crottin de yak, lorsqu'on en trouve, le seul combustible. Ces éléments, dont nous avons d'ailleurs manqué quelquefois, ne suffisent qu'à faire un petit feu, auquel on peut à peine se réchauffer les extrémités des membres; mais ils permettent de faire bouillir l'eau, qui, là haut, ne bout pas à des températures bien élevées, et de faire du thé.

Le climat est très dur. A ces grandes altitudes, on souffre du mal de montagne, qui cause une oppression extrêmement pénible et qui m'éprouva particulièrement. Je fus haletant à l'état permanent et épuisé de fatigue après le moindre effort, tant que je ne redescendis pas à 4,000 mètres.

L'atmosphère est très sèche : jamais de pluie ni de brouillard. Pendant le jour, le soleil est assez chaud, peut-être même plus que dans nos pays, probablement en raison de la moindre épaisseur de la couche atmosphérique. Mais un vent glacial, généralement d'ouest, souffle violemment presque sans interruption ; et, la nuit, le froid devient excessif. Au lac Saraskoul, le thermomètre marquait 13° au-dessous de zéro ; peu de jours après, il descendit à 20 et 25, et plus tard jusqu'à 30.

La faune est plus variée que la flore. Cà et là on voit des antilopes, des gazelles, des yaks, des chevaux sauvages, des chiens sauvages. Mais tous ces animaux sont inapprochables : nous ne pûmes en tirer que de très loin et nous n'en tuâmes aucun. En fait d'oiseaux, on voit celui que l'on trouve partout, sous l'équateur comme dans les climats les plus rigoureux, le corbeau.

Conduits par notre guide, nous nous mettons

en route vers l'Est en suivant un sentier assez mal marqué : de loin en loin, des tas de pierre indiquent la direction. Nous traversons un bassin volcanique, entourant les lacs sans écoulement, Atchikoul et Oulongkoul, et après avoir franchi un col à 5,500 mètres, nous tombons, à l'Est de Baba-Hatoun dans la vallée d'une rivière, le Kiria-Daria. Deasy avait passé par Baba-Hatoun, localité inhabitée, marquée par les ruines d'un vieux fort. Pourquoi notre guide prit-il une autre route? Je ne saurais le dire.

Là, un fâcheux incident se produisit. Ce guide, un vilain homme à l'air bestial, donnait depuis quelque temps des signes de mauvaise volonté. La confiance régnait si peu que nous le faisions attacher la nuit. Mais attacher à quoi? puisqu'il n'y a pas d'arbre. On lui attachait chacune de ses jambes à celles de deux de nos caravaniers qui se couchaient à côté de lui. Néanmoins, une nuit, il parvint à rompre ses liens et s'évada, bien que n'ayant reçu que la moitié de son gage. Etait-ce prémédité? Craignait-il d'être réprimandé par des Chinois pour nous avoir indiqué une route du Thibet?

Continuant à remonter la rivière, nous atteignons ses sources. Là, au milieu d'un enchevêtrement inextricable de montagnes et de vallées, il faut se décider à choisir un chemin. Etant donné le peu de grain que nous avons pour nos chevaux, nous renonçons à marcher sur Roudok et nous nous proposons de nous diriger sur la passe de Lanak pour gagner Leh. Mais c'est là la difficulté : nous n'apercevons plus de tas de pierres pour nous guider et notre crainte est de nous jeter trop à l'Ouest, ce qui nous ferait tomber dans le désert Aksaï-tchin. Après différents tâtonnements, nous nous engageons dans une vallée sablonneuse, qui a l'avantage d'offrir une route aisée, mais qui, à notre insu, nous mena tout droit dans ce désert que nous voulions éviter.

Là, nous quittons l'itinéraire de Deasy que nous suivions approximativement depuis Polou, et nous recoupons celui de Welby qui, venant de Leh, s'était dirigé vers l'Est.

La vallée dans laquelle nous cheminons est bordée de chaque côté de chaînes de montagnes infranchissables se prolongeant vers l'ouest. Des effets de mirages prodigieux, fantastiques, tels que je n'en avais jamais observés à des altitudes inférieures, nous font passer une journée dans une véritable hallucination. Nous longeons un lac, long d'une quinzaine de kilomètres, dont nous avions, comme d'ordinaire, apprécié la distance deux ou trois fois trop court; nous le dépassons, constatant qu'il est sans écoulement; nous dépassons un autre petit lac sans écoulement également. Bientôt, nous voyons sur notre gauche à une distance vague

13. — Un campement de la caravane dans le désert Aksaï-Tchin.

se dessiner un grand fleuve d'un bleu cru. Nous retournant, au lieu de nos deux lacs, nous n'en voyons plus qu'un seul, mais immense, d'où sort le fleuve. Puis, devant nous, nous apercevons un autre lac, dont les eaux surélevées se dressent comme une muraille. Nous prenons comme point de direction son bord. Mais bientôt ce bord s'écarte, empiète sur les montagnes voisines : nous obliquons vers la droite; quelque temps après, le lac se retire : nous obliquons à gauche. Rien de plus déconcertant : c'est à se demander si l'on ne devient pas fou. Enfin, après plusieurs zigzags, nous atteignons la rive.

La période de nos grandes tribulations commence. En relisant mon journal de route, que de fois je revois cette phrase : Journée extrêmement dure! Nous avançons péniblement avec le vent continuellement dans la figure et nous suffrons de plus en plus du froid. Je prends une angine bientôt suivie de fièvre. Sous la tente, nous n'avons que 4 degrés de moins qu'à l'extérieur; mais au moins sommes-nous à l'abri du vent. Les malheureux caravaniers couchent à la belle étoile : ils se font avec les bagages un rempart derrière lequel ils s'entassent. Les chevaux souffrent aussi : quelques-uns sont harassés; le mien meurt le premier.

Nous marchons constamment préoccupés par l'idée de trouver de l'eau et de l'herbe. De l'eau surtout : il semble cependant qu'il y en ait de tous côtés, on en voit partout; mais on y va et on ne trouve rien. C'est toujours le mirage et c'est le supplice de Tantale. Qui aurait pu penser qu'à ces altitudes on pût manquer d'eau? Or, les neiges et les glaces sont parfois hors de portée et les ruisseaux se perdent dans les sables. Nous avions omis de prendre des précautions à cet égard; nous n'avions pas de réci-

14. — M. Oscar Crosby dans le désert Aksaï-Tchin.

pient. Heureusement Crosby avait un lit pneumatique en caoutchouc qui fit l'office de réservoir. On le remplissait d'air pour la nuit et d'eau pour la journée.

Un soir, nous atteignons les bords d'un grand lac. Déception! il est salé. Nous finissons heureusement par trouver de l'eau douce à proximité.

De temps en temps, un caravanier vient nous dire : tel cheval ne peut plus avancer. On lui tire une balle dans la tête. La pauvre bête tombe :

15. — Le capitaine Anginieur.

sa charge est répartie sur le dos des autres, et on emporte son bât qui servira à faire du feu.

Un après-midi, Crosby se détache pour chercher de l'eau. Je marche en tête de la caravane dans la direction convenue, préoccupé de la même idée. A la tombée de la nuit, après dix heures de marche, je m'arrête enfin auprès d'une rivière. Mais Crosby n'a pas reparu. J'envoie à droite et à gauche nos hommes avec des lanternes. Je fais tirer dans toutes les directions des coups de fusils, mais les détonations ne s'entendent guère à ces altitudes. Je commençais à désespérer de le revoir, lorsqu'Akbar vient me dire qu'il a perçu le bruit d'un coup de feu au loin : je fais tirer dans cette direction. Bientôt, j'entends la voix de mon camarade. Enfin, à 8 h. 1/2, nous avons la joie de nous retrouver. Nous ayant perdus de vue, il avait erré à l'aventure et avait fini par tomber sur nos traces : mais, l'obscurité étant venue, il lui avait été impossible de continuer à les suivre et il avait bravement pris son parti de passer la nuit dehors ; sans couvertures c'eut été terrible. Heureusement, tout d'un coup, il avait aperçu la lueur d'un coup de fusil et avait aussitôt marché dans sa direction.

Le 25 septembre, nous abordons une chaîne de montagnes orientée au Nord-Ouest. Croyant être dans les environs de la passe de Lanak, nous franchissons un col à 5,300 mètres d'altitude et tombons dans une vallée orientée aussi au Nord-Ouest : des montagnes infranchissables nous barrent la route vers le Sud-Ouest, direction que nous voulions prendre pour gagner l'Indus.

Force nous est donc de marcher au Nord Ouest, en suivant cette vallée, où nous découvrons quelques tas de pierre, indiquant que des hommes ont passé là avant nous. Des hommes! nous commencions à avoir soif d'en revoir. A un moment donné, nous croyons en distinguer au loin. *Adam* ! *Adam* ! des hommes ! s'écrient les caravaniers joyeusement. Hélas non ! *Adam yok*, ce ne sont pas des hommes, mais des rochers.

Nous faisons une marche très pénible de dix heures et finissons par nous arrêter, la nuit faite, sans avoir trouvé d'eau. Souffrant de la fièvre et tombant de fatigue, je passe une très mauvaise nuit. Plusieurs chevaux sont morts. Tous sont harassés. Nous sommes obligés de prendre un jour de repos. Heureusement, au matin, on découvre de l'eau à proximité.

En raison de l'état de faiblesse des animaux qui nous restent, nous abandonnons nos bagages. N'emportant que la tente, les vivres et les couvertures, nous nous remettons en marche, décidés à nous jeter résolument vers le Sud-Ouest dès que cela sera possible.

A une petite distance, nous découvrons des

sources abondantes donnant naissance à un cours d'eau assez important. Bientôt après, une vallée s'ouvre, exactement dans la direction désirée, au Sud-Ouest. Nous nous y engageons avec joie, pensant être tout près des crêtes. Encore fallut-il deux journées pénibles pour y parvenir. Nous voilà enfin au sommet, sur un plateau désolé, à 5.650 mètres d'altitude. Il fait un froid glacial. Une bourrasque de neige s'élève. Déception! Le versant opposé est hérissé d'obstacles. Nous cherchons un passage au milieu de vallées étroites, escarpées, rocailleuses. Mohamed-Jou et Lasso eux-mêmes perdent courage; ils déclarent que s'engager là, c'est la mort. Devant de telles difficultés nous prenons le parti de revenir sur nos pas, et, dans cette triste marche en retraite, nous voyons mourir encore plusieurs de nos chevaux.

Le 2 octobre, nous sommes de retour sur les bords de la rivière dont nous avions découvert les sources. La situation est critique; neuf chevaux ont péri. Les sept survivants sont tellement harassés de fatigue qu'à l'exception de deux, ils sont hors d'état de poursuivre la route; et nous n'avons plus de grain à leur donner. Nous-mêmes nous sommes épuisés. Pour comble de malheur, je perds l'usage d'une jambe. Je pensais que c'était un rhumatisme ; mais c'était une phlébite dont je me ressens encore : je le ne sus qu'à mon retour en France. Crosby, auquel il manque un chronomètre et la connaissance du temps, n'ayant pu faire à l'aide de la boussole et du sextant que des observations assez imprécises, nous ne nous rendons pas du tout compte de l'endroit où nous sommes.

Dans ces conditions, nous nous décidons à nous arrêter et à envoyer nos deux hommes de confiance, Mohamed-Jou et Lasso, en reconnaissance en suivant la rivière. Notre espoir, confirmé par ce fait qu'on voit des poissons dans ce cours d'eau, est qu'il soit un affluent du Shayok, en tout cas, et qu'il mène quelque part, à des hommes ; notre crainte est qu'il aille se perdre dans les sables comme tant d'autres.

Mohamed-Jou et Lasso partent, montés sur les deux seuls chevaux pouvant marcher, emportant tout ce qui reste de grain, soit pour sept ou huit jours. Il est entendu qu'ils doivent tâcher de revenir au bout de cinq ou six jours et, quoi qu'il en soit, être de retour au bout de dix au maximum ; car nos provisions diminuent et nous ne pouvons pas attendre indéfiniment.

S'ils ne trouvent pas de secours ou s'ils ne reviennent pas, que nous restera-t-il à faire?

Nous faisons dresser la tente sur les bords de la rivière, dans une gorge encaissée, dominée par d'énormes rochers abrupts. L'endroit est mortellement triste ; mais nous l'avons choisi parce qu'il y a là un peu d'herbe, avec laquelle les chevaux pourront se sustenter, et quelques plantes de bourtza. Au fond de cette gorge, nous avons le soleil de 8 heures du matin à 4 heures du soir ; dès qu'il a disparu, le froid devient terrible : il n'y a plus qu'à rentrer sous la tente et à s'enfouir sous les couvertures.

Malheureusement, la bibliothèque variée de Crosby, comprenant un choix éclectique d'ouvrages de toutes sortes, avait été abandonnée avec les bagages. Nous avions un seul livre, la Bible. Nous eûmes le temps de la lire, la commenter et d'agiter les plus graves problèmes. L'Ancien Testament est d'une lecture parfois assez récréative, mais les histoires qui y sont racontées ne sont pas toujours très édifiantes. Quel vilain caractère que ce Jacob ! me disait un jour Crosby, en fermant le livre. Nous parlions aussi longuement de nos familles, toujours présentes à notre esprit. Crosby m'entretenait de sa femme, une charmante Française de la

Nouvelle Orléans, que j'ai maintenant le plaisir de connaître, et de ses quatre non moins charmantes filles : il se promettait de ne jamais plus les quitter pour courir de pareilles aventures. Et, lorsque, tout en causant, nous avions pu atteindre sept heures du soir, nous nous couchions contents.

Pour ma part, j'étais absolument impotent. Une douleur insurmontable m'arrêtait net, dès que j'avais fait dix pas. J'étais devenu la bouche inutile. A la place de Crosby, d'autres m'auraient peut-être supprimé, d'autant plus que je mangeais plus que lui. Qu'étais-je donc venu faire ici, me disais-je parfois, alors que j'aurais pu rester tranquillement dans ma petite garnison, au Puy, où l'on mène une vie si douce ?

Les jours passent dans une morne attente. Les provisions diminuent. Nous nous mettons à la ration. Nos caravaniers font du pain avec ce qui reste de farine, d'horribles petites galettes cuites sur la poêle.

Le sixième jour, nous espérions voir rentrer tout au moins un de nos hommes. Déçus, nous nous armons de patience. Nouvelle déception le septième jour, et puis le huitième, et puis le neuvième. Et le dixième lui-même se passa tristement sans que rien ne vint.

Nous étions dans une terrible anxiété. Il ne nous restait que huit jours de vivres. Serait-il arrivé malheur à nos hommes, nous demandions-nous ? Nous auraient-ils abandonnés ? En admettant qu'ils reviennent, ramèneront-ils du secours ? Si nous ne voulions pas mourir là, il fallait, sans tarder, nous décider à nous mettre en route : la seule chose à faire était de renouveler la tentative de franchir les montagnes, bien que nous fussions maintenant dans des conditions beaucoup plus défectueuses ; nos cinq chevaux restants étaient devenus de véritables squelettes. J'allais un peu mieux, mais je n'étais pas en état de marcher. D'ailleurs, marcher à ces altitudes est horriblement pénible, même lorsqu'on est en bon état ; Crosby lui-même n'aurait pas été capable d'aller loin.

Nous tenons un grave conseil et prenons le parti d'attendre encore, beaucoup encouragés par la confiance que nos caravaniers ont en leurs camarades. Ces hommes ont un moral excellent ; ils restent silencieusement assis autour du petit foyer, sans proférer une plainte. Le plus inquiet est le vieux Mir-Mollah, qui fait dévotement ses prières. Il implore le secours d'Allah, qui seul peut nous sauver, nous fait-il dire par Akbar.

Le 13 octobre, onzième jour d'attente, dans l'après-midi, nous tirions des coups de fusil sur les poissons que nous voyions sous la glace dans la rivière. Il y avait longtemps que nous avions envie de les manger, ces poissons. Mais pour cela il fallait les prendre. Les caravaniers avaient essayé de tous les stratagèmes sans y réussir. Tout d'un coup une détonation retentit dans le grand silence... Évidemment c'est Mohamed-Jou ou Lasso qui nous répond. Nos regards se fixent anxieusement sur l'entrée de la gorge. Bientôt nous apercevons nos hommes montés sur de petits chevaux noirs. C'est de bon augure, car ce ne sont pas ceux sur lesquels ils sont partis. Quelques instants après, nous voyons arriver majestueusement quatre superbes chameaux conduits par trois hommes. Nous sommes sauvés. Ces hommes sont des Kirghizes nomades. Mohamed-Jou et Lasso avaient marché cinq jours pour arriver jusqu'à eux. Ils nous rapportent un mouton et une panse de yak pleine de lait cuit. Quelle fête ! Nous nous empressons de commander un bon dîner à Lasso.

Nous demandons aux Kirghizes de nous mener à la passe de Lanak; mais ils ne la connaissent pas, ils ne sont même jamais venus jusqu'ici et ne savent pas que personne y soit jamais venu. A notre stupéfaction, ils nous apprennent que la rivière que nous avons suivie est le Karakach ; nous ne l'avions jamais supposé. Il en résulte que nous sommes beaucoup plus au Nord que nous ne le pensions. Les Kirghizes nous proposent de nous mener chez eux d'abord, puis à la passe du Karakoroum ; c'est un long détour, mais nous sommes trop heureux d'accepter.

Que les hommes paraissent beaux, lorsqu'on n'en a pas vu depuis longtemps, depuis trente-quatre jours ! Le soir, en mangeant avec délices d'excellentes côtelettes, nous disions, Crosby et moi : quels beaux hommes que ces Kirghizes, quelle belle physionomie ! quelle belle attitude !

Nous leur envoyons immédiatement chercher nos bagages, qu'ils rapportent fidèlement. Et, deux jours après, nous levons le camp. Bien que souffrant moins de ma jambe, je n'étais pas sans inquiétude sur la manière dont je pourrais tenir à cheval. Je constatai avec plaisir qu'au prix de douleurs tolérables, j'étais capable de supporter cette position, en me faisant attacher le pied à l'arrière de la selle.

Nous suivons donc le Karakach. A une petite distance, il s'infléchit au Nord-Ouest, direction qu'il garde au moins pendant 60 kilomètres. Quel bonheur que nous n'ayons pas accompagné nos hommes dans leur reconnaissance! Jamais nous n'aurions voulu marcher aussi longtemps dans la direction opposée à notre objectif. Chemin faisant, nous voyons des sources abondantes d'eaux chaudes; à environ 5.000 mètres d'altitude, c'est chose bien curieuse. Au bout de trois jours, nous nous arrêtons au milieu de broussailles. Si nous avions eu de grandes peines, nous devions aussi avoir de grandes joies. Quelle joie que de faire flamber ces broussailles et de pouvoir enfin se chauffer! Pareille aubaine ne nous était pas arrivée depuis Polou.

Deux jours après, nous étions au camp des Kirghizes. Trois iourtes parmi lesquelles paissaient de grands troupeaux de chameaux, de yaks, de chevaux et de moutons. On est bien dans ces tentes spacieuses, matelassées de feutre, où le sol est couvert de tapis : il y fait bon et chaud. Jamais, dans le plus somptueux hôtel, je n'ai éprouvé une semblable impression de bien-être. Et que dire de la joie de revoir des femmes ! Si la vue des hommes qui nous apportaient la délivrance nous avait causé un immense plaisir, il nous fût bien doux aussi de contempler leurs épouses et leurs filles. Certes, elles ne possédaient qu'à un degré médiocre la beauté et la grâce qui font le charme de leur sexe. Néanmoins, nous les trouvâmes jolies. Je donnai à l'une d'elles un bouton doré, arraché à ma pèlerine et qu'elle fût très heureuse d'ajouter à ses pendeloques. Cela ne l'empêcha pas de refuser de boire du lait dans lequel j'avais commis l'incorrection de tremper ma tasse : ne voulant pas boire après moi, elle me renvoya le pot. Ces femmes n'avaient jamais vu d'Européens, ni même de villes, et se figuraient que tous les hommes vivaient comme elles sous la tente et passaient leur existence à errer à travers le monde.

Les braves Kirghizes nous offrent une généreuse hospitalité. Nous restons deux jours chez eux. Pour ma part, je vais mieux. Mais c'est au tour de Crosby d'être malade. Les conserves, qui ont pendant si longtemps formé notre unique nourriture, lui ont délabré l'estomac, et il est extrêmement faible.

Le *Yeuzbachi* de la tribu a donné des ordres pour que des animaux soient prêts à Potach, à une quinzaine de kilomètres plus loin. Son frère, l'*onbachi*, sera notre caravanbachi et nous conduira par un raccourci à la passe du Karakoroum et à Séchir. Nous aurions voulu engager hommes et animaux jusqu'à Leh. Mais il n'y a pas moyen, paraît-il. Il faut croire qu'il existe une difficulté quelconque : Akbar ne parvient pas à nous la faire comprendre. Dieu sait au prix de quelles difficultés nous arrivions à correspondre ! Nous envoyons Mohammed-Jou et Lasso en avant à Séchir, où ils devront faire en sorte de trouver les animaux nécessaires pour continuer notre route au-delà de ce point mystérieux.

Potach est une localité inhabitée située à l'intersection d'une vallée venant du Sud et de celle du Karakach. Nous y trouvons une caravane imposante de quinze chameaux et de quelques chevaux, à laquelle nous joignons les trois seuls qui nous restent. Notre aventure a bien fait l'affaire de ces Kirghizes qui devaient précisément aller porter à Séchir des marchandises, du feutre et de l'opium.

Le vieux Mir-Mollah, malade et fatigué, nous quitte : il prend le chemin de Chahidoula pour regagner directement Kachgar. Mais nous trouvons deux nouveaux compagnons de route, un homme et sa femme, âgés l'un et l'autre d'une soixantaine d'années, allant en pèlerinage à la Mecque. Ils nous accompagneront jusqu'à Leh. Ces bons vieux viennent du cœur de l'Asie et sont en route déjà depuis deux mois et demi. S'étant trouvés malades, ils ont dû, à un moment donné, s'arrêter et lâcher la caravane avec laquelle ils marchaient : puis ils ont erré et finalement ont été recueillis par les Kirghizes.

16. — Nos compagnons, les pèlerins de la Mecque, sur la route de Karakoroun.

Qu'est donc notre voyage, à nous, hommes jeunes, vigoureux, partant bien équipés et munis de tout l'argent nécessaire, à côté de celui de ces deux pauvres vieux ! Quel est celui qui, après avoir vu de tels faits, penserait qu'il ne puisse y avoir de gens dignes d'admiration et de respect en dehors du monde chrétien! Que l'on croie donc tant que l'on voudra que la religion chrétienne est supérieure à toutes les autres, mais que l'on ne croie pas que, soi-même, on puisse valoir mieux que n'importe qui, par ce seul fait que l'on est chrétien!

La route du Karakoroum.

Sous la conduite de l'*onbachi*, nous nous engageons de nouveau dans les montagnes nues et désolées. Le froid devient extrêmement vif et des bourrasques de neige s'élèvent : les nuits sont si glaciales qu'on peut à peine dormir quelques instants.

En trois jours, nous atteignons par un raccourci la route du Karakoroum, où nous rencontrons de suite une caravane. Voilà encore une grande joie de se sentir cette fois véritablement en communication avec le monde ! Nous achetons du sucre, dont nous commencions à manquer, et du thé des Indes, qui remplacera avantageusement le thé vert, notre unique boisson depuissi longtemps.

Connue et fréquentée depuis des siècles, la route du Karakoroum, reliant Yarkand à Leh par Sandjou, Chahidoula, les passes du Karakoroum, de Séchir et de Kardong, est sinon la principale, du moins une des principales voies de communication entre la Chine et les Indes. Elle n'est jugée absolument impraticable à aucune époque de l'année ; mais, soit par suite

17. — Sur la route du Karakoroum.

du froid, soit à cause de la fonte des neiges rendant les torrents momentanément infranchissables, elle n'est guère suivie que d'août à novembre. Encore, durant cette période, les difficultés y sont-elles bien grandes et est-il réellement extraordinaire qu'elle permette un trafic commercial aussi important, d'autant plus qu'aucune disposition n'a été prise pour le faciliter. Nous y croisâmes en moyenne trois caravanes par jour, dont quelques-unes de plus de soixante animaux. Dans la région des montagnes, la route est dénuée de toute espèce de ressources : il n'existe aucun endroit où l'on puisse s'approvisionner de bois ou de vivres, ni même aucun abri. On serait porté à croire que les gens que l'on rencontre là, Turkis ou Cachemiriens principalement, bravant tant de fatigues pour un maigre salaire, sont des hommes taillés pour la lutte et d'une énergie surhumaine. Et, cependant, ces peuples sont essentiellement doux et ont toujours été la proie facile de tous les envahisseurs ; il faut penser qu'ils sont plutôt doués de patience, de persévérance, des qualités passives de la goutte d'eau qui finit par user la pierre.

Les produits venant du Turkestan sont pour la majeure partie du feutre, des lainages et de l'opium ; ceux venant de l'Inde, des étoffes, du sucre, du thé, des épices.

Une autre route, reliant Tachkourgan à Gilgit, met en communication le Turkestan et le Cachemir, sans atteindre des altitudes aussi élevées que celles du Karakoroum ; mais elle est impraticable aux caravanes : une partie du trajet doit s'effectuer à pied et l'on est obligé de faire porter ses bagages à dos d'homme. Cette route est la plus courte. Un courrier anglais allant à Kachgar la suit tout les vingt jours. Les voyageurs qui veulent passer par là sont obligés de se munir de l'autorisation du gouvernement des Indes.

Le sentier que nous prenons suit une vallée sablonneuse à pente douce, n'offrant aucune difficulté. Il est littéralement jonché de carcasses : les chiens sauvages et les vautours ont de quoi se repaître.

Le pays devient de plus en plus désolé. Plus une herbe : heureusement nos hommes ont eu la précaution d'emporter du bois pris dans les broussailles de Potach. Le froid est terrible : trois nuits de suite le thermomètre descend à 30° au-dessous de zéro, et vers 8 heures du matin, à l'heure où nous nous disposons à nous mettre en marche, il marque 23°. L'eau, toujours à l'état de glace, est rare : nous en emportons dans des sacs. Les animaux s'abreuvent en broutant de la neige lorsqu'ils en trouvent.

Nos chameaux marchent gravement en silence, paraissant constamment préoccupés de conserver leur dignité. Lorsqu'on passe à côté d'eux, ils vous toisent d'un regard méprisant et semblent se retenir pour ne pas vous cracher à la figure le gros mot qu'ils ont sur la langue. Parmi eux, il y a une élégante chamelle dont la robe gris clair contraste avec celles plus sombres des autres. Au milieu d'eux, elle a un air Louis XV et se fait remarquer par la distinction de ses manières; on dirait une marquise poudrée se prélassant parmi des gens du commun.

Ces animaux supportent les grandes altitudes et les rigueurs du froid tout aussi bien que la chaleur des déserts brûlants. Leur seul inconvénient est la difficulté qu'ils éprouvent sur les terrains glissants. Il leur est tout à fait impossible de marcher sur la glace : si elle n'est pas trop épaisse, il faut la briser sous leurs pas; sinon, il faut renoncer à les faire passer.

Rien n'est poétique comme de voir arriver la nuit une caravane de chameaux! Aucun bruit ne signale leur approche. Tout d'un coup on distingue leurs silhouettes étranges : ils s'avancent comme des ombres dans le silence absolu. On les arrête : sagement, ils se laissent ranger en ordre les uns à côté des autres. Ils s'agenouillent en poussant de petites plaintes gutturales; une fois placés, ils ne bougent plus, et, de toute la nuit, on ne les entendra pas plus que s'ils n'étaient pas là.

Le 26 octobre, nous atteignons la passe du Karakoroum. La vallée par laquelle on l'approche a un aspect lugubre. On pourrait l'appeler la vallée de la Mort. Le chemin est un véritable charnier. On marche au milieu de carcasses. Il y en a par paquets d'une dizaine : Les corps, restés là où ils sont tombés, sont raidis dans des positions macabres; les plus frais, déjà à moitié dévorés par les vautours ou par les chiens sauvages, sont horriblement déchiquetés. La plupart sont des squelettes recouverts de lambeaux de peau desséchée. C'est sans doute le froid rigoureux qui cause la mort de tant d'animaux, déjà épuisés de fatigue lorsqu'ils arrivent là, et qui fait que leurs cadavres se conservent longtemps.

Tout près du col, s'élève un petit monument de pierre érigé à la mémoire d'un Anglais tué à cet endroit par un Afghan il y a peu d'années. On arrive facilement par quelques lacets au sommet, à l'altitude de 5,655 mètres. Là, bien que blasés sur les panoramas de montagnes, nous ne pouvons nous empêcher d'admirer le coup d'œil qu'offrent les pics neigeux qui nous environnent.

Nous descendons sur l'autre versant : des carcasses, toujours des carcasses. Une vingtaine d'énormes vautours, en train de dévorer le cadavre d'un cheval, s'enlèvent à grand bruit : Ce cheval a encore ses fers : notre caravan-bachi s'empresse de les lui enlever pour les mettre aux pieds d'un des nôtres.

Nous remontons de nouveau toute une série de croupes, puis nous nous engageons dans une gorge où nous marchons longtemps au milieu de la neige récemment tombée. Cette gorge est peut-être la plus belle que j'aie jamais vue. Sur ses flancs, des rochers géants se dressent dominés par des pics gris et rouges et des glaciers ; au fond, un amas de blocs énormes jetés pêle mêle dans un effroyable désordre. Il fallait que ce spectacle sauvage et grandiose fût réellement bien beau, pour que nous en ayons encore été émerveillés ; car, je le répète, Dieu sait si nous étions blasés sur ce genre de panorama. La moindre fleur, le moindre arbuste aurait alors infiniment plus excité notre admiration que la plus belle montagne.

A l'endroit où nous campons dans la soirée, nous apercevons une bande d'antilopes. L'*on-bachi* était armé de l'un de ces fusils préhistoriques qui sont seuls en usage chez les Kirghizes, un fusil à mèche long de 2 mètres, muni d'un énorme canon à la bouche duquel sont fixées deux cornes d'antilopes servant d'appui. Refusant de prendre les nôtres, il part avec son tromblon, escalade des pentes, rampe dans les plis de terrain, se faufile de rocher en rocher. Enfin, le voilà à trente pas des animaux : il met en batterie, allume la mèche et l'approche du bassinet : le coup rate. Peine perdue ! les animaux s'enfuient et c'est en vain qu'il leur court encore après. Il revient épuisé de fatigue.

Le 28 octobre, nous traversons le Shayok, et, un peu au-delà, nous atteignons sur les pentes opposées un point très curieux. Au bas d'un glacier, l'on voit de petits murs de pierre, au milieu desquels sont rangées des marchandises, et, çà et là, s'élèvent cinq ou six tentes. C'est Séchir. O surprise ! parmi les quelques hommes qui sont là, nous voyons une figure de connaissance. C'est notre ami l'excellent aksakal Gauri-Mall : il vient de Yarkand par la route directe et se rend à Lahore. Ayant appris par Mohamed-Jou notre prochaine arrivée, il a voulu nous attendre. Il nous reçoit sous sa tente et nous offre du thé et des bonbons. Quel dommage que d'être obligés de recourir à Akbar pour échanger nos compliments! Nous lui faisons dire qu'il nous donne un avant-goût de la joie de revoir les nôtres. Malheureusement, nous ne pouvons pas l'inviter à dîner avec nous, car il est Hindou, il ne lui serait pas permis d'accepter : ce serait se mettre dans le cas de se faire rejeter de sa caste et d'être relégué parmi les parias.

Maintenant, nous nous rendons compte de la raison pour laquelle les Kirghizes ne voulaient pas aller au-delà de Séchir. Leurs chameaux auraient été dans l'impossibilité de franchir le glacier; c'eut même été bien difficile aux chevaux chargés.

Séchir marque sur la route du Karakoroum un point d'arrêt comparable à une cataracte sur une rivière navigable. Il est bien peu de caravancs qui aillent de Yarkand jusqu'à Leh ou inversement; en tout cas, les chameaux, qui sont les animaux les plus employés dans le Turkestan, ne le font jamais. L'échange des produits se fait à Séchir. On pose là les marchandises soigneusement étiquetées et on vient les chercher de part et d'autre.

Mohamed-Jou et Lasso ont trouvé sur place les yaks qui vont nous être nécessaires. Ces animaux sont faits pour les grandes altitudes; d'ailleurs, ils ne se portent pas bien au-dessous de 3,500 mètres. Leur épaisse toison laineuse, traînant jusqu'à terre, les met à l'abri du froid. Ils sont adroits et, étant très bas sur jambes, risquent peu de tomber. Leur inconvénient est d'être un peu lents : ils ne font guère que 3 kilomètres et demi à l'heure.

Nous nous mettons en route avec l'Aksakal. Le malheureux *Hadji* et sa femme sont malades et fatigués ; ils font peine à voir ; mais la volonté d'arriver à la Mecque les soutient et ils marchent quand même sans se plaindre.

Nos nouveaux caravaniers sont des Thibétains de Ladak. Comme les yaks, ils sont faits pour les grandes altitudes ; ils marchent gaillardement en chantant à plein gosier une chanson qui rappelle beaucoup l'air de *Fra Diavolo* : je ne leur en connais pas d'autre.

Nous avons une rude journée pour franchir la passe de Séchir. Cinq heures dans les neiges et les glaces : c'est une orgie de blancheur. Nous sommes à midi au sommet, à l'altitude d'environ 5,400 mètres ; le thermomètre marque 15° au-dessous de zéro. La descente est mauvaise : c'est vraiment incroyable qu'une pareille route soit si fréquentée.

Au fur et à mesure que nous avançons vers le Sud, nous voyons les glaciers descendre plus bas. La différence de latitude semblerait devoir produire le contraire; mais le fait s'explique par la grande sécheresse régnant dans le Nord, due à l'éloignement de la mer et au voisinage des sables de Gobi; le Sud, en raison de la proxi-

18. — La caravane à la passe de Séchir.

mité de la mer, il y a beaucoup plus d'humidité.

Le 30 octobre, nous voyons des buissons et des herbes, la végétation renaît sous nos pas. Bientôt nous arrivons à un point d'où nous dominons la vallée d'un affluent du Shayok qui s'étend à 400 mètres au-dessous de nous. Impression inoubliable ! Nous voyons sur les bords de la rivière, au milieu d'un cadre merveilleux, des maisons et des arbres ! L'arbre est bien le plus bel ornement de la nature. Nous n'en avions pas vu, pas plus que de maison, depuis

19. — M. Oscar Crosby, monté sur son yak, à la passe de Kardong.

Polou, soit depuis cinquante jours ! Arrivés dans cette vallée, ravissant échantillon du Petit Thibet, nous marchons au milieu de bosquets de saules, de peupliers et d'abricotiers. Pour la première fois aussi depuis Polou, nous ne souffrons pas du froid, du moins pendant le jour, et nous allons coucher dans une maison au village de Panamik. Les Thibétains nous saluent en nous disant *Djou*, ce qui signifie Bonjour, et nous accueillent avec la plus grande cordialité.

De Panamik, nous gagnons le Shayok que

20. — Le capitaine Anginieur à la passe de Kardong.

nous traversons une dernière fois. Puis il faut regrimper à 5,500 mètres pour franchir la passe de Kardong, un glacier à pente extrêmement raide. Un pauvre lama nous croise : il a reculé devant les difficultés, la glace étant trop glissante aujourd'hui, et revient sur ses pas. Sans nous laisser décourager, nous continuons notre route, montés sur des yaks. Ces bonnes petites bêtes, suant et soufflant, nous amènent lentement au sommet, pendant que nos hommes ont toutes les peines du monde à faire passer nos chevaux déchargés.

Enfin, le 1er novembre, nous arrivons à 8 heures du soir, après douze heures de marche, à Leh, où nous nous installons dans un bon *bungalow*. Leh n'est qu'à l'altitude de 3,439 mètres; enfin, je respire.

Le Petit Thibet.

Le Petit Thibet est à coup sûr une des régions les plus pittoresques et les plus curieuses du monde. A chaque pas, le voyageur a son attention éveillée soit par la beauté des sites, soit par une particularité quelconque des gens et des choses.

Les Thibétains sont bons et doux. Petits, d'un type assez joli, ils portent la chevelure entière et la queue comme les Chinois : leur teint est très bronzé. Ils ont sur la tête un petit chapeau de peau aux bords relevés, sur lequel sont cousus des scapulaires, et sont généralement couverts de haillons sordides. Les femmes, vêtues aussi de haillons, ont de beaux yeux noirs et sont assez jolies. Elles portent toutes, même les plus pauvres, un singulier ornement sur la tête, une longue pièce d'étoffe rappelant la forme du cobra, garnie de turquoises, couvrant le milieu du front et pendant par derrière jusqu'au milieu du dos : la tête est encadrée par

21. — Femmes thibétaines.

des oreillettes de fourrure, autour desquelles retombent les cheveux tressés en nattes.

Soumis politiquement au Maharajah de

Cachemir, vassal des Anglais, les Thibétains de Ladak sont, en matière religieuse, sous la dépendance du Dalaï-Lama et ont des rapports assez fréquents avec Lhassa. Comme tous les lamaïstes, ils pratiquent la polyandrie qu'ils cumulent avec la polygamie. Les femmes ont plusieurs époux et les hommes peuvent avoir aussi plusieurs épouses. Généralement, les choses se passent en famille. La coutume est que tous les frères cadets épousent la femme ou les femmes de leur aîné : ce fait est même considéré comme un droit pour eux. On ne s'occupe pas de savoir de qui sont les enfants; l'aîné seul a les droits de père. Cette pratique est néfaste au point de vue du développement de la population qui est en décroissance, tandis que leurs voisins les Musulmans de Cachemire augmentent considérablement.

Il n'est peut-être pas de pays qui présente un aspect aussi religieux que le Thibet. La campagne est couverte de monuments dédiés au culte : *tchotens*, temples et couvents.

Les *tchotens* sont des édicules carrés, surmontés d'un chapiteau en forme de pot à fleurs; au milieu, se trouve une petite niche renfermant une image de Bouddha, et parfois une roue à prières y est encastrée. Les *tchotens* sont répandus à profusion; il y en a des milliers et des milliers; leur nombre est supérieur à celui des habitants qui, il est vrai, devait être plus considérable autrefois. Tantôt isolés, tantôt par groupes, ils sont généralement adossés à un mur parfois très long, couvert de plaquettes de pierre, sur lesquelles des prières sont inscrites en taille. C'est la même prière qu'on revoit presque toujours : *Om mani padmé koum*, phrase sacramentelle plus ou moins mystérieuse dont la signification est à peu près la suivante : le joyau est dans le lotus (ce doit être de Bouddha qu'il s'agit).

Les couvents sont aussi très nombreux. Ce sont tous de vieux édifices, perchés comme des nids d'aigle au sommet des rochers dans les sites les plus pittoresques.

Donc, à en juger par la quantité de leurs monuments religieux, les Thibétains semblent être les gens les plus pieux du monde.

Mais leur dévotion est toute mécanique. Tourner par la gauche autour des *tchotens* (par la droite ne compterait pour rien) et donner en passant un coup de main à la roue des prières, voilà en quoi elle consiste. Il y a d'ailleurs, plus simple : fréquemment, l'on voit, sur les toits des maisons, des espèces de girouettes qui ne sont autre chose que des roues à prières que le vent se charge de faire tourner ; et l'on voit aussi, sur le bord des rivières, des petits moulins à prières que le courant fait marcher.

Bouddha n'avait-il pas cependant proclamé la religion du cœur et proscrit d'une manière assez absolue les formules et les pratiques extérieures? Comment a-t-on pu arriver à faire exactement le contraire de ses préceptes les plus formels? Crosby me fit observer à ce propos que, dans d'autres pays, parmi les gens qui fréquentent les temples, il y en a bien qui ne récitent leurs prières que des lèvres; ce qui ne diffère pas beaucoup de la manière de faire des bons Thibétains.

Les *lamas* (prêtres) sont reconnaissables à leur longue toge rouge sombre et à leur chapeau de polichinelle aux bords jaunes. Autrefois, ils pullulaient dans la région ; mais, persécutés il y a une soixantaine d'années, au moment de la conquête du Cachemir et du Petit Thibet par un maharajah hindou, dont la famille règne encore à Srinagar, beaucoup s'enfuirent dans le Grand Thibet pour ne plus revenir. Aujourd'hui, les couvents sont peu peuplés ; quelques-uns même sont vides. Les lamas sont cependant encore fort nombreux. Il n'est pas de pays où le clergé forme un corps aussi considérable qu'au Thibet : on dit qu'il compte pour un quinzième, d'aucuns prétendent même pour un cinquième, dans l'ensemble de la population. Les lamas sont tous célibataires et partagent leur temps

22. — Un lama faisant l'instruction à ses ouailles.

entre le cloître et la vie séculière. Ils appartiennent à différents ordres, dont quelques-uns ont des règles assez semblables à celles de certains de nos religieux : il en est qui font le triple vœu de pauvreté, chasteté et obéissance. Entre autres pratiques, ils ont la confession : cette institution provient sans doute du christianisme, qui fut prêché autrefois dans la région sous la forme nestorienne, mais qui a complètement disparu. Outre les ordres d'hommes, il en existe quelques-uns de femmes.

Les cérémonies religieuses sont généralement bruyantes. Aussi bien le jour que la nuit, on entend s'élever des temples un grand vacarme de cloches, de tambours et de trompes. A certains jours de fête, les lamas se couvrent le visage d'horribles masques représentant des têtes d'animaux fantastiques et exécutent devant le peuple des danses sacrées, au son d'une musique infernale : nos mascarades du Mardi-Gras ne donnent qu'une faible idée d'un pareil spectacle. Les missionnaires de Leh prétendent que, dans ces cérémonies, l'idée des Lamas est d'habituer leurs ouailles à ne pas avoir peur des démons auxquels ils s'efforcent de ressembler dans leurs affreux travestissements.

Il n'y a pas de cimetières au Thibet. On brûle les corps des morts. Les cendres des Lamas sont mélangées avec de la terre et on en fait de petites galettes, sur lesquelles on modèle une figure sainte et qui sont précieusement conservées comme amulettes.

Les villes et villages sont très bien construits,

les maisons sont en excellente maçonnerie. Sur les toits sont plantées de longues perches au bout desquelles flottent des girandoles couvertes de prières.

Simples et frustes dans leurs goûts, les Thi-

23. — Lamas en costume pour certaines fêtes sacrées.

bétains ne connaissent pas les arts et n'ont pas eu besoin de leur secours pour adoucir leurs mœurs. Le travail du cuivre est le seul qu'ils pratiquent avec quelque perfection : ils font de jolies théières et surtout de jolies clochettes, dont les lamas se servent dans les cérémonies. De plus ils peignent assez bien les bannières qu'ils suspendent en grand nombre dans les temples.

Leh ou Ladak-Leh (Ladak est le nom du pays avoisinant) est la capitale du Petit Thibet; elle compte 2,000 habitants, dont une petite minorité est musulmane ou hindoue. Située à peu de distance de l'Indus, dans une jolie gorge, elle est dominée par le Palais du Rajah, imposant édifice bien ruiné et par un couvent perché au sommet d'un pic. Les rues sont bien tracées. La principale, étroite et très large, traverse un curieux bazar.

On sent l'approche de la civilisation européenne. Leh est reliée à Srinagar par le télégraphe et par un service postal quotidien. Il y a un magasin où l'on trouve du vin dont nous n'avions pas goûté depuis bien longtemps, des conserves et un grand choix de produits européens. C'est la résidence de deux missionnaires protestants : un Anglais, le Docteur Show ; un Allemand, M. Franke, et d'une *nurse* anglaise. Ils ont autour d'eux une quarantaine de chrétiens. Très bien reçus par eux, nous éprouvâmes un bien vif plaisir à les voir : c'étaient les premiers Européens que nous retrouvions depuis le Russe que le hasard nous avait fait rencontrer à Polou.

M. Franke a beaucoup étudié la langue, l'écriture et les mœurs des Thibétains. Il a traduit un certain nombre de leurs chants. La poésie varie peu suivant les pays. Les ruisseaux d'eau claire et les jardins fleuris, le ciel bleu et le soleil d'or,

24. — La dak-Leh.

et surtout les beaux yeux de la femme aimée, voilà ce que les hommes ont toujours chanté et chantent encore dans tous les coins du monde. Mais, chez les Thibétains, c'est toujours sur le même air de *Fra Diavolo*.

De Leh à Srinagar. — Traversée de l'Himalaya par la passe de Zôji. — Le Cachemir.

Il ne faut pas nous attarder à Leh : nous avons encore l'Himalaya à franchir. La passe de Zôji est très facile pendant la bonne saison; mais pendant la mauvaise, lorsque la neige est tombée, elle est parfois très difficile et on risque d'y être arrêté une dizaine de jours : Sven Hedin a déclaré que les quelques journées qu'il a passées là étaient parmi les plus dures de ses voyages. Les missionnaires nous donnent bon espoir. Jusqu'ici le service postal n'a pas été entravé. Mais nous serons certainement les derniers Européens à effectuer ce trajet.

Nous donnons congé à Mohamed-Jou et à Osman qui vont retourner à Yarkand par le Karakoroum; nous vendons nos trois chevaux restants 60 roupies, soit 100 francs; et le 4 novembre nous nous mettons en route avec Akbar et Lasso. Ce dernier se trouve dans son pays ; il nous servira désormais non seulement de cuisinier mais aussi d'interprète, par l'intermédiaire d'Akbar, qui ne sait pas le Thibétain.

Le chemin de Leh à Srinagar est très connu et très fréquenté. Pendant l'automne, bon nombre de touristes et d'officiers anglais le suivent pour venir chasser dans le Petit Thibet. Tous les 20 ou 25 kilomètres on trouve un *bungalow*, où les voyageurs sont reçus et où l'on peut se procurer des chevaux de relais. Dans ces conditions, entraînés comme nous le sommes, moi allant de mieux en mieux, nous pourrons doubler les étapes et faire une soixantaine de kilomètres par jour.

Nous descendons l'Indus, qui n'est là qu'un petit torrent, et le lendemain nous le traversons pour nous engager dans l'Himalaya. La région conserve son cachet tout particulier et c'est un charmant voyage : des villages pittoresques, des *tchotens* à profusion, des monastères juchés au sommet de roches friables, si bizarrement découpées qu'elles semblent artificielles et faites pour le plaisir des yeux. Lamayourou, Mulba, Bhot Kharbou, que de jolis et curieux paysages ces noms là évoquent dans ma mémoire !

Le 7 novembre, nous sommes à Kargil. L'aspect de la population change brusquement. Les hommes ont la tête enveloppée de larges turbans croisés sur le front. Les femmes sont voilées et se dérobent aux regards. Adieu le Ladak et les Thibétains : nous voici chez les Musulmans. Ils

25. — Lamayourou.

sont larmoyants, les Musulmans de ce pays. Chaque matin, au lever du soleil, ils nous réveillent par des gémissements lugubres à fendre l'âme : c'est leur manière de prier.

Ce qui change aussi malheureusement, c'est le temps. Au-delà de Kargil, nous trouvons la neige, et, à mesure que nous montons, la couche devient plus épaisse. A la tombée de la nuit, après une longue marche, nous atteignons un chalet isolé, perdu dans l'immensité blanche. C'est le bungalow de Machoï, où nous passons la nuit. Le gardien nous donne de mauvais renseignements sur l'état de la passe de Zôji. Depuis deux jours, aucune caravane ni même le courrier n'ont passé. Au delà de Machoi, la vallée se resserre, et les neiges s'accumulant à certains endroits peuvent former un obstacle insurmontable.

Néanmoins nous nous mettons en route. Bientôt le sentier disparaît, il faut le chercher et frayer le chemin. C'est un gros travail à faire pendant 4 ou 5 kilomètres. De temps en temps, un cheval glisse sur les pentes et roule avec sa charge : il faut aller le chercher, le recharger et le remettre sur la voie. Nos plus mauvais jours de la traversée du Kouen-Lun nous reviennent à l'esprit. Heureusement, ici la neige rend les chutes moins dangereuses en amortissant les chocs. Enfin, nous apercevons une caravane venant en sens inverse. Elle nous a fait notre besogne, comme nous avons fait la sienne. Le soir, à la tombée de la nuit, nous avions franchi la passe et nous atteignions Baltal, le bungalow suivant, n'ayant fait qu'une dizaine de kilomètres. C'était notre dernière mauvaise journée.

Le lendemain, nous cheminons encore dans la neige pendant 25 kilomètres au milieu de pins de toute beauté. Puis nous nous engageons dans une magnifique gorge au fond de laquelle un torrent impétueux roule avec fracas. Peu à peu la neige disparaît. La végétation devient luxuriante, nous marchons au milieu de forêts de sycomores, de marroniers d'Inde, de chataîgniers, et nous avons cette étrange impression de passer, dans la même journée, du plein hiver au plus bel automne.

Nous voilà donc dans cette vallée de Cachemire, si souvent chantée et si célèbre aujourd'hui dans la littérature anglaise. Dans le merveilleux décor de l'Himalaya, la nature étale à profusion sur la campagne ses richesses et ses splendeurs. Par centaines, des sycomores géants se dressent, lançant vers le ciel leurs branches colossales, couvertes d'une toison de feuilles rouges. Cà et là, des villages riants où se promènent des femmes brunes aux grands yeux noirs, parmi lesquelles la beauté est chose commune. Nous ne nous lassons pas de regarder et d'admirer, et, chemin faisant, bien que captivés par le charme du panorama, notre curiosité s'éveille à la vue de monuments en ruines parsemés le long de la route. Nous voyons des colonnes cannelées avec chapiteaux à oves enguirlandés : rien qui ressemble aux styles mongol ou hindou. Ce sont évidemment des temples grecs ; mais quelle peut en être l'origine? Seraient-ce des traces du passage des armées d'Alexandre ?

Le 11 novembre, date mémorable, nous étions définitivement au terme de nos peines. Nous arrivons à Srinagar et nous nous installons dans le superbe hôtel Nédou, où, brusquement, nous repassons de la vie sauvage à la pleine civilisation anglaise.

Nous nous dépouillons des peaux de moutons, que, ni jour ni nuit, nous n'avions quittées depuis si longtemps; nous endossons nos smokings pour dîner au milieu d'une société élégante et nous allons coucher dans de bons lits, nous déshabillant pour la première fois depuis Polou, soit depuis soixante-quatre jours.

Srinagar est une ville enchanteresse. Traversée dans toute sa longueur par le Jelham, large rivière formant plusieurs bras, et dans laquelle baignent les maisons et les palais, elle a l'aspect d'une Venise exotique. La même animation règne dans les rues et sur l'eau. De grandes barques à rames, dont la forme rappelle les gondoles, mais plus allongées, pleines de monde, se croisent et s'entrecroisent : on vit sur l'eau comme à Venise. On voit passer des mariages en bateau ; des danseuses sont à l'avant et des

26. — Le Jelham à Srinagar.

musiciens à l'arrière. Une promenade en barque donne l'illusion d'une ville des contes de fée.

A peine arrivé, l'étranger est aussitôt assailli par une nuée de marchands et d'entremetteurs qui s'abattent sur lui et se le disputent pour le mener visiter leurs magasins. Ils ont de quoi exciter notre admiration. Les Cachemiriens sont artistes : ils fabriquent ces étoffes qui ont fait la mode chez nous il y a quelques années; ils brodent, cisèlent les métaux, sculptent et peignent le bois à merveille.

27. — Srinagar.

Srinagar compte 125.000 habitants, dont les quatre cinquièmes sont musulmans et le reste hindou. Chose particulière, les Musulmans, qui généralement tiennent la tête dans les populations, sont ici le peuple vaincu. Ils manquent, paraît-il, de toute énergie. Bien que vassal de l'Angleterre, le Maharajah jouit dans l'administration de ses états d'une grande indépendance : les Anglais n'ont pas de troupes sur son territoire, mais seulement quelques officiers inspecteurs des régiments indigènes.

Ce haut personnage est un Hindou très convaincu : il couche, dit-on, toujours avec un fakir sous son lit et il interdit de tuer des bœufs dans le pays. On sait que le bœuf est un animal sacré pour les Hindous, moins sacré toutefois que la vache, qui est considérée comme l'incarnation de Vichnou.

Nous voudrions certes rester dans ce paradis, nous y reposer et y vivre tranquillement ; nous le désirerions d'autant plus que nous avons trouvé à l'hôtel une charmante société d'officiers anglais. Mais nous avons hâte, l'un autant que l'autre, de revoir les nôtres. Donc, au bout de deux jours, nous nous arrachons à ces lieux enchanteurs.

En trois jours, nous gagnons en *tonga*, voiture du pays, Rawal-Pindi, où nous trouvons le chemin de fer qui nous amène à Bombay.

Les résultats du voyage n'ont d'importance qu'au point de vue géographique. Nous avons traversé le désert Aksai-Tchin, ce qui n'avait pas encore été fait, et nous avons découvert les sources tout au moins permanentes du Karakach. La topographie de cette région a été relevée approximativement par Crosby. Au point de vue pratique, on peut dire que le résultat est nul, car il est clair que ce pays, entièrement dépourvu de ressources, inhabité et inhabitable, ne peut avoir aucun avenir.

L'ANGLETERRE ET LA RUSSIE

EN ASIE CENTRALE

L'Angleterre et la Russie en Asie centrale.

Entre les Anglais et les Russes, la nature a placé, au milieu de l'Asie, une forte barrière : telle est l'impression qui ressort de mon voyage. J'estime qu'il faudrait être extravagant pour vouloir faire traverser à des armées les régions que nous avons parcourues.

Que les Russes s'emparent un jour du Turkestan chinois, sur lequel leur influence est déjà solidement établie, c'est chose à prévoir et ils pourront le faire sans peine. Mais il semble que des chaînes de montagnes telles que le Kouen-Lun, le Karakoroum, l'Himalaya et l'Hindou-Kouch, devraient mettre une borne à leur ambition aussi bien qu'à celle des Anglais : elles suffisent en tout cas à rendre difficile, pour ne pas dire impossible, le contact entre ces deux peuples. Brisés contre leurs flancs, les flots de la double invasion déchaînée du nord et du sud sur l'Asie se sont écoulés vers l'ouest, sur les plateaux de la Perse, où ils menacent de s'entrechoquer aujourd'hui.

Deux États accrochés à ces montagnes, juchés sur le « toit du monde », le Thibet et l'Afghanistan, sont restés indépendants. Ils forment avec la Perse la zone de séparation des Anglais et des Russes qui montent la garde à leurs frontières en s'épiant mutuellement avec une égale vigilance. Comprimés par leur étreinte, ces trois pays sont l'objet naturel des compétitions et des litiges de leurs puissants voisins : ils présentent chacun une question distincte que nous allons étudier.

Isolé des contrées qui le bordent par une ceinture de montagnes presque inaccessibles, à travers lesquelles on ne connaît aucune route praticable aux voitures, leThibet se mble avoir été mis par la nature à l'abri des invasions. D'ailleurs, il est trop pauvre et trop désert pour justifier l'insatiable convoitise des Européens.

Pourquoi donc les Anglais viennent-ils d'y envoyer une expédition, modestement qualifiée du nom de mission? Jusqu'à présent, ils s'étaient abstenus de toute tentative sur ce pays et le *statu quo* leur suffisait. Mais Lord Lansdowne a dit : « Si une influence politique étrangère doit s'établir à Lhassa, ce ne peut être que celle de l'Angleterre ». Il est certain que le seul motif de la mission du colonel Younghusband a été la crainte dont les Anglais se sont pris de voir l'autorité russe s'implanter au Thibet. Leur inquiétude s'est éveillée lorsque le Dalaï-Lama, dans un but qui n'a jamais été bien connu, envoya en 1900 et en 1901, des députations auprès du Tzar. Elle s'accentua lorsqu'ils apprirent que trois sujets russes s'étaient rendus à Lhassa : l'un d'eux, nommé Djordjef, y séjournerait encore, dit-on, et aurait pris une certaine influence sur le Dalaï-Lama. Mais il faut bien remarquer que ces personnages ne sont pas de véritables Russes (depuis le P. Huc, en 1842, aucun Européen n'avait encore franchi le seuil de la ville sainte); ce sont des Bouriates lamaïstes. — Or, il y a, ne l'oublions pas, dans la masse énorme des sujets russes, un grand nombre de lamaïstes, Kalmouks des bords du Volga, Mongols et Bouriates, qui, aussi bien que leurs coreligionnaires de la partie septentrionale de l'Inde, vont de temps en temps en pèlerinage à Lhassa. Par ce fait même, le Tzar se trouve vis-à-vis du

Dalaï-Lama dans une situation un peu comparable à celle de l'empereur d'Allemagne vis-à-vis du pape. L'on conçoit très bien qu'il ait pu avoir été amené à entrer en relations avec le gouvernement théocratique du Thibet. Mais aurait-il ourdi le projet de le placer sous sa dépendance? Le comte Lamsdorf a formellement déclaré que les députations thibétaines n'avaient « aucun caractère diplomatique ni politique ». Quant à la mission de Djordjef, elle n'a été apparamment qu'une riposte conforme à la tactique habituelle des Russes : les Anglais n'avaient-ils pas eux-mêmes envoyé peu d'années auparavant à Lhassa un sujet de l'empire des Indes, Chandra-Dass? Rien n'autorise à penser que le voyage du Bouriate dût avoir plus de conséquence que celui de l'Indien, ni que les paroles du comte Lamsdorf ne fussent pas sincères. Nous estimons au contraire que les Russes sont assez sages pour comprendre que les immenses espaces hérissés d'obstacles qui les séparent du Thibet constituent la limite de leur zône d'action.

Les appréhensions des Anglais ne nous paraissent donc pas fondées. Leur expédition était une entreprise d'une utilité et d'une opportunité contestables, hasardée et chanceuse, tant à cause de ses difficultés très grandes qu'en raison des graves inconvénients qu'elle pouvait entraîner. La colonne risquait d'être terriblement éprouvée par les rigueurs du climat, par les tourmentes de neige, par les fatigues de la marche aux grandes altitudes; d'être privée de ses convois et réduite à la dernière extrémité dans un pays sans ressources; d'être massacrée comme le fut celle du major Cavagnari en Afghanistan. Il y avait lieu de craindre que l'effervescence produite sur la population se propageât jusqu'en Chine; et, dans les circonstances présentes, il était bien imprudent d'occasionner une cause de trouble de ce côté. On pouvait redouter enfin de créer des complications avec la Russie qui, il est vrai, fut bientôt trop occupée ailleurs pour songer à élever la voix.

Or, rien de tout cela ne s'est produit. Une fois de plus, la fortune qui se plaît à combler les Anglais de ses faveurs, leur a souri. Leur audacieuse entreprise a été couronnée d'un plein succès : ils sont entrés sans coup férir dans Lhassa, la dernière ville mystérieuse du monde, et le Dalaï-Lama, déchu de son prestige, s'est enfui, abandonnant la demeure séculaire de ses prédécesseurs. Si les difficultés qu'ils ont rencontrées de la part de la population n'ont pas été grandes, il n'en a certainement pas été de même de celles que la nature leur a présentées et dont ils ont triomphé : les détails manquent encore à ce sujet et nous serons curieux de les connaître. L'heureuse arrivée de la colonne à son but fait le plus grand honneur au général Macdonald et au colonel Younghusband : l'opération qu'ils ont effectuée est *très remarquable*, sans exemple dans les campagnes modernes, puisque jamais des troupes n'avaient été menées à de pareilles altitudes. Mais quel profit en retireront les Anglais ? A peine rendus à Lhassa, ils annoncent que, sans même laisser un représentant sous le ciel inclément du pays des Lamas, ils prennent le chemin du retour et regagnent les Indes. C'est la seule chose qu'ils aient à faire. N'est-ce pas assez d'être allés jusque là-bas? Il serait trop dur d'y rester et le Thibet serait un pauvre fleuron à ajouter à la riche couronne de l'Angleterre. Mais ils entendent que cet État, tout en demeurant la propriété du Céleste Empire, soit placé en dehors de toute sphère d'influence étrangère : telle est la clause qu'ils ont imposée dans leur traité, confirmant ainsi, après l'avoir violé, le principe de l'intégrité du territoire de la Chine. Dans ces conditions, en quoi la situation est-elle changée, si, comme nous le pensons, les Russes n'avaient pas réellement la pensée de s'établir à Lhassa? Les Anglais n'ont fait en définitive que consolider la barrière qui les sépare de la Russie dans cette partie de l'Asie. Le seul avantage que leur procurera leur succès est d'ordre moral. L'entrée de leurs troupes dans la cité sainte aura certainement produit un grand effet sur les rustiques populations de la vallée du Bramapoutre et leur donnera une haute idée de la puissance britannique. La nouvelle, colportée par les caravanes qui cheminent à travers l'Asie, s'en répandra au loin dans le monde bouddhiste et l'on dira que l'empereur de Russie, dont les Japonais ébranlent déja le prestige, a dans l'empereur des Indes un rival redoutable avec lequel il faut qu'il compte.

A l'Ouest du Thibet, on voit, entre le Turkestan russe et les Indes, à cheval sur le massif de l'Hindou-Kouch, s'étendre l'Afghanistan. Lors de la délimitation de frontière de 1895, le Wachan, mince langue de terre s'allongeant sur le Pamir, a été laissée à ce pays, comme si, les difficultés de la nature n'étant pas suffisantes, on avait jugé utile d'y ajouter celles de la diplomatie. En face de ce territoire, sur les sommets du Pamir, les Russes ont établi quelques postes : seuls, des soldats aussi frustes, aussi rustiques que les leurs pourraient y vivre. On est mal fixé sur leur emplacement exact et sur leur force, certainement peu considérable : ils ne constituent pas une menace sérieuse pour les Anglais, car il n'est pas admissible qu'une troupe de quelque importance puisse descendre par cette voie aux Indes. La route de Kaboul est sans doute moins difficile que celles que l'on trouve à l'Est. Des expéditions dans ces régions seraient moins pénibles qu'autrefois, maintenant que l'on serait à même d'amener les troupes à pied d'œuvre en chemin de fer, à Kouchk d'un côté, à Peschawar et à Quettah, de l'autre. C'est évidemment là que les Russes et les Anglais pourraient s'aborder. Mais n'oublions pas qu'un vaste pays couvert d'obstacles les sépare encore. De même que l'Himalaya, l'Hindou-Kouch, dit Winston Churchill, n'est pas une ligne de montagnes, mais une contrée de montagnes, formant un formidable bastion naturel. Quant aux gens qui le défendent, ils joignent la férocité du Zoulou à la force du Peau Rouge et à l'énergie du Boer, dit encore le même auteur, qui les a combattus au cours de la dure campagne de 1897. Ce qui montre bien que les Afghans sont encore véritablement les maîtres chez eux, c'est que, à l'exception de l'agent britannique accrédité à Kaboul, aucun Européen, même anglais ou russe, ne peut obtenir l'autorisation de franchir leur frontière. Avec sa population farouche et ardente, essentiellement guerrière, prête à verser son sang pour conserver son indépendance, l'Afghanistan constitue un état-tampon d'une valeur réelle. Le contact entre Anglais et Russes est encore loin de paraître imminent de ce côté. Nous admettons cependant que ce pays doive tôt ou tard cesser de demeurer impénétrable. La question afghane sera à régler un jour ou l'autre et il semble que, avec un peu de bonne volonté de part et d'autre, l'opération pourrait se faire à l'amiable. La solution que la géographie et le bon sens indiquent est que le versant nord de l'Hindou-Kouch avec Hérat échoie en partage à la Russie et le versant sud avec Kaboul à l'Angleterre.

Enfin, entre le Turkestan et les Indes, à l'ouest de l'Afghanistan, s'étend la Perse. Aujourd'hui, l'influence de la Russie est solidement établie dans le nord de ce pays et celle de l'Angleterre l'est tout aussi solidement dans le sud, sur le golfe persique. Les Russes cèdent à un besoin en voulant toujours pousser jusqu'à la mer. Certes, ce n'est pas pour le plaisir de conquérir des territoires : ils en ont déjà plus qu'ils ne sont capables d'en peupler. Mais il leur faut des débouchés sur la mer. N'est-il pas extraordinaire que, possesseurs du plus vaste empire de l'univers, ils ne puissent avoir un port? N'ont-ils pas été obligés d'aller courir jusqu'aux bords du Pacifique pour trouver un port libre, un port qui ne fût fermé ni par les glaces ni par les traités? Il est naturel qu'ils en veuillent un sur le golfe Persique, qui est déjà desservi par leur principale compagnie de navigation. Mais, d'autre part, les Anglais ont aussi des intérêts considérables sur ce golfe, et, en raison de la proximité immédiate des Indes, ils entendent y rester les maîtres : Lord Curzon, au cours de son voyage retentissant, l'a hautement proclamé.

C'est donc là que le contact est imminent. Mais la Perse est un Etat reconnu par toutes les grandes puissances. Son démembrement, ou simplement un changement notable dans son ordre constitutif, amènerait certainement des complications diplomatiques très graves qui feraient l'objet d'interminables discussions. La question Persane paraît ressembler beaucoup à la question turque et sa solution pourrait demander autant de temps.

Comme conclusion, disons donc que dans la région de l'Asie centrale, il semble que l'état de paix doive se maintenir pour de nombreuses années encore. Le conflit anglo-russe, prévu de si longue date et qui a déjà fait couler tant d'encre, a été très justement appelé le duel de la baleine et de l'éléphant. Quels sont les moyens d'action des deux monstres l'un sur l'autre ? où et comment pourront-ils s'accrocher ?

Si l'on veut s'abstenir de ces prédictions à longue échéance qui coûtent peu parce qu'elles sont invérifiables, si l'on veut se borner à envisager l'avenir dans des délais plus rapprochés, en observant ce qui se passe dès maintenant, on peut se faire l'idée suivante de la marche des événements.

La question qu'ont à trancher les deux peuples est la suprématie en Asie. La lutte pour cet enjeu est déjà engagée; elle continuera comme elle a commencé, comme elle a duré jusqu'ici : indirectement, lentement et sourdement. L'Angleterre semble avoir atteint son maximum d'expansion; elle ne peut plus beaucoup gagner et peut beaucoup perdre. Il n'en est pas de même de sa rivale, qui peut s'étendre tout le long de ses limites en Asie, depuis la Turquie jusqu'à la Corée. La Russie ne propage pas son influence à la manière d'un incendie, mais au contraire comme par une combustion lente. Trois pas en avant, un pas en arrière, voilà sa tactique : elle commence par déborder au-delà de ses frontières pour les reculer ensuite. A Trébizonde, à Tauris, à Kachgar, à Kouldja, l'intime pressentiment de voir venir un jour les Russes existe comme il existait il y a quelques années à Moukden. Mais, pour arriver, ils ne se presseront pas : ils attendront que les fruits soient mûrs et qu'ils tombent d'eux-mêmes entre leurs mains.

Cette manière de faire excite l'irritation des Anglais. Archibald Colquhoun, dans son ouvrage *Russia against India*, où l'inquiétude se trahit à chaque ligne, jette le cri d'alarme. Il voudrait mettre en demeure les Russes de démasquer leurs plans et de fixer la limite qu'ils devront s'engager à ne pas dépasser. Mais c'est précisément ce qu'ils refuseront de faire et la rage anglaise se brisera contre leur force d'inertie. Ils entendent rester impénétrables et poursuivre sans rien dire leur travail lent mais sûr comme celui d'une force de la nature. Jusqu'où iront-ils? c'est une question qui rentre dans le domaine de ces pronostics à longue échéance dont je veux m'abstenir.

Que gagneraient les Anglais à brusquer les choses? à faire éclater la guerre? Que pourraient-ils faire? Bombarder quelques ports. Lesquels? Ceux de la Baltique sont peu nombreux et souvent fermés par les glaces; Cronstadt passe pour être imprenable; ceux de la Mer Noire sont fermés par les traités. Restent Vladivostok et Port-Arthur, dont le sort paraît aujourd'hui si compromis. Des piqûres d'épingles dans le grand corps russe.

Que peuvent faire les Russes? Occuper du jour au lendemain, sans la moindre difficulté, sans que les Anglais puissent les gêner d'une chiquenaude, le Turkestan chinois et la Mongolie, comme ils ont occupé la Mandchourie. Peut-être leur serait il possible en outre de fomenter des insurrections aux Indes, sans que les Anglais aient le moyen de leur rendre la pareille dans le Turkestan.

Admettons la violation du territoire afghan. Une rude campagne s'engagerait là, aussi dure pour les uns que pour les autres, au milieu d'une population en effervescence, également hostile aux deux combattants. En face des énormes masses dont dispose la Russie, l'Angleterre ne pourrait mettre en ligne qu'une armée sensiblement moins nombreuse et composée en majorité de troupes indiennes, dont la fidélité n'est pas inébranlable; et il lui faudrait de plus se garder à l'intérieur de son immense colonie contre le redoutable danger de la révolte. Il semble que, par la force des choses, la victoire doive rester aux Russes.

L'Angleterre nous paraît être en mauvaise posture vis-à-vis de la Russie. Elle a par conséquent tout intérêt à éviter ou à retarder le conflit, et par suite à ne pas fournir à sa rivale un prétexte de violer l'intégrité de la Chine en la violant elle-même au Thibet ou ailleurs.

En ce moment, sur le théâtre de l'Asie, un nouveau peuple survient comme le troisième larron : il entre en scène à coups de canon et s'abat sur le pays qu'il veut pour sa proie. Nul ne saurait encore prédire l'issue et les conséquences de la terrible guerre qu'il a déchaînée. Bornons-nous à examiner l'influence que ce fait peut exercer sur la situation respective de l'Angleterre et de la Russie. A en juger par la joie que firent éclater les Anglais à la nouvelle des premiers succès des Japonais, on aurait pu croire qu'ils considéraient les défaites de la Russie comme des victoires personnelles et qu'ils pensaient que tout ce qu'elle perdrait serait autant de gagné pour eux. Ils sont aujourd'hui plus calmes et se montrent réservés dans l'expression de leurs sentiments. Commencent-ils à craindre de n'avoir aucun profit à retirer du triomphe de leurs alliés ? Dès à présent, dans cette guerre, qui met en évidence les progrès dont la race jaune est susceptible, les Japonais ont donné en se couvrant de gloire la mesure de leur valeur : même vaincus, ils garderont le prestige d'un peuple redoutable. Les Anglais paraissent enfin s'inquiéter, s'effrayer de cette force qu'ils ne soupçonnaient pas si grande. Ils croyaient que, en Asie, une seule question existait : Jusqu'où iront les Russes? Comprennent-ils que maintenant il s'en pose une autre : Jusqu'où iront les Japonais ? Comprennent-ils que, pour leur situation en Extrême-Orient et pour l'Inde Anglaise, le Japon peut devenir ou qu'il est déjà un péril plus grave que la Russie ? Lui prêter main-forte, serait l'aider à accroître sa puissance, à devenir plus dangereux : ce n'est pas leur intérêt. Aussi n'avons-nous guère à craindre de voir les deux alliés unir leurs armes. L'Angleterre restant ainsi seule en face de la Russie, qui, même refoulée de la Mandchourie, n'en demeurerait pas moins aussi forte en Asie centrale, il ne semble pas que les événements actuels puissent entraîner un changement dans cette région ni modifier la situation respective des deux puissances rivales.

Quant à nous, Français, nous sommes désintéressés dans la question de l'Asie centrale. Nous n'avons rien à faire et nous sommes absolument inconnus dans cette partie du monde. Mais, je veux le dire en terminant, si notre nom de Français est ignoré là-bas, il n'en est pas de même de celui de nos aïeux. Ce n'est pas seulement à Constantinople que le mot *Franghi*, Franc, signifie et personnifie l'Européen. A Samarcande, à Kachgar, à Khotan, chez les Kirghizes du Karakoroum, j'ai eu la joie et l'orgueil d'entendre appeler l'Europe *Franghistan* et de m'entendre appeler moi-même *Franghi*. Telle a été la gloire de nos ancêtres que leur renom est parvenu et se maintient encore jusqu'au cœur de l'Asie !

Le Puy, septembre 1904.

LE PUY, IMP. R. MARCHESSOU,
PEYRILLER, ROUCHON ET GAMON, SUCCESSEURS.

www.ingramcontent.com/pod-product-compliance
Ingram Content Group UK Ltd.
Pitfield, Milton Keynes, MK11 3LW, UK
UKHW021106220726
13924UKWH00004B/1539